Kurt Allgeier
4000 Jahre Naturheilkunde

MOEWIG

Bildnachweis:
S. 203: Gemeinde Vilters-Wangs
Alle anderen Bilder: Archiv U. Magin

© by VPM Verlagsunion Pabel Moewig KG, Rastatt
www.MOEWIG.de
Originalausgabe
Alle Rechte vorbehalten
Umschlagfoto: StockFood
ISBN: 3-8118-1665-9

Inhaltsverzeichnis

Vorwort

Wie sind sie nur darauf gekommen? Woher haben sie es gewusst? Ist alles nur im Laufe der Jahrtausende gesammelte Erfahrung? Wie die Steine eines farbenprächtigen Mosaiks zusammengefügt, bis das Bild fertig war? Oder besaßen besonders begnadete Menschen vor Jahrtausenden ebenso wie heute nicht vielleicht doch einen sechsten Sinn für die verborgenen Heilkräfte der Natur?

Wandern Sie mit durch die Geschichte der natürlichen Heilkunst. Entdecken Sie die besten und wirksamsten Rezepte der ganz großen »Wunderheiler«. Blicken Sie jenen Männern und Frauen über die Schultern, die tief in die Geheimnisse der Natur, in das Wunder des Lebens eingedrungen sind, um uns die wertvollsten Schätze überhaupt zu hinterlassen: Wege und Mittel zur einzig wahren, stabilen, natürlichen Gesundheit!

Lernen Sie denken und so empfinden, wie diese großen Menschen gedacht und empfunden haben. Ihr Leben wird sich verändern.

Sie werden erfahren, dass es nicht genügt, den richtigen Tee oder die wirklich helfende Salbe zu finden. Das eigentliche Rezept aller Wunderheiler heißt: Lernen Sie wieder, sich wie ein Kind an der Schönheit, am Zauber der Natur zu erfreuen. Mit allen Sinnen!

Öffnen Sie die Augen und gehen Sie nicht länger achtlos vorbei an ihrer Pracht! Genießen Sie den köstlichen Duft ihrer Blüten und Früchte! Kosten Sie, was die Natur in überwältigender Fülle und Vielfalt anbietet!

Das Rezept zur Gesundheit darf nicht länger heißen: »Man nehme dreimal täglich ...« Sondern: »Man lasse sie hinein, die Natur, über alle Sinne. Und schließlich öffne man sein Herz, dass es erfüllt sei von der unbegrenzten Heilkraft der Natur!«

Machen Sie es so, wie es die Großen gemacht haben: Werden Sie vertraut mit der Schöpfung. Sie ist für uns gemacht, und sie besitzt alles, was wir brauchen. Sie bietet uns ein vortreffliches Beispiel unwiderstehlicher Lebenskraft. Natur – das ist Optimismus. Das heißt letztlich: Es hat alles seinen Sinn, seinen Platz, sein Ziel.

Beschwörungsformel, vor der Einnahme eines Medikamentes zu sprechen:
»So will ich denn nehmen das Heilmittel, die Zauberkraft, die das Übel aus meinem Leib und aus meinen Gliedern vertreibt. Die Kraft dieses Mittels ist mächtig. Übermächtig ist die Kraft dieses Medikaments. Erinnere dich daran, wie Horus und Seth zum großen Palast in Heliopolis geführt wurden, als es um Seths Heilung ging. Du wirst dich wohl fühlen wie kaum ein anderer auf Erden, du wirst wieder tun und lassen können, was du willst, genau wie jene Götter, die hier zugegen sind ...«

Papyrus Ebers

(um 1550 v. Chr.)

»Komm, Zauberkraft des Heilmittels!
Vertreibe die Übel, die in mir wohnen!«

Sommer 2320 v. Chr.

König Nefererkere hat seine höchsten Hofbeamten zu sich gerufen. Sie sollen mit ihm in die Totenstadt gehen, damit er sich an Ort und Stelle vom Fortgang der Arbeiten an seiner Grabstätte überzeugen kann. Die wichtigen Priester sind da, einige Ärzte, die Verwalter, die Leibgarde und die verantwortlichen Bauleute, Handwerker und Künstler.

Langsam schreitet der Zug den Berg hinauf zum Eingang in die

Nekropole. Es ist unerträglich heiß. Alle sehnen sich danach, endlich die Kühle des unterirdischen Grabtempels zu erreichen.

Plötzlich taumelt Wesh-Ptah, der Wesir des Königs. Er stürzt lautlos zu Boden und bleibt reglos liegen.

Der König winkt den Priestern: »Kommt rasch herbei, Diener der löwenhäuptigen Göttin Sachmet! In ihrem Zorn hat sie die Krankheit gebracht. Beschwichtigt sie und bittet sie um das Heil unseres Wesirs.«

Zwei Priester eilen herbei und beginnen ihr beschwörendes Gebet: »Befreit wurde der vom Übel Betroffene von Isis. Horus

Isis und Osiris. Darstellung im
Papyrus des Ani, 1250 v. Chr.

wurde von Isis von allen Übeln befreit, die ihm Bruder Seth beigebracht hatte, nachdem er seinen Vater Osiris getötet hatte.

Oh, Isis, so groß in magischer Kunst! Erlöse ihn! Befreie ihn von allem, was schlecht und übel und bösartig ist! Nimm alle Krankheiten weg, ob sie von einem Gott oder einer Göttin verursacht wurde, von verstorbenen Seelen oder Männern und Frauen, die ihm feindselig gesinnt sind! Mache es genau so wie du einstmals deinen Sohn Horus befreit hast!

Denn er kam aus dem Wasser und trat ins Feuer. Er soll nicht in die Falle dieses Tages fallen.

Wir haben gesprochen. Nun sei er wieder jung und stark. Oh, Re, lass deine Schlange sprechen. Osiris, lass uns wissen, was du vorhast. Re, lass deine Schlange sprechen, Osiris, lass uns wissen, was du vorhast! Siehe, du hast ihn vor allen Übeln, aller Schlechtigkeit und Bosheit bewahrt, vor Krankheiten, verursacht von Göttern und Göttinnen, verursacht von verstorbenen Seelen, verursacht von feindselig gesinnten Männern und Frauen.«

Der am Boden liegende Wesh-Ptah rührt sich nicht. Auch heilige Düfte und weitere Beschwörungsformeln können ihn nicht ins Leben zurückrufen. Die »Heilkunst« der Priester hat versagt.

Da ruft der König die Ärzte: »Nun seid ihr an der Reihe, Meister des medizinischen Wissens. Bringt euere Schriftrollen und seht nach, was meinem Wesir zugestoßen ist und was ihm noch helfen kann!«

Die Ärzte bringen einen Kasten und entnehmen ihm verschiedene Papyrusrollen. Sie drehen sie vor und zurück, lesen laut vor, schütteln aber immer wieder den Kopf, beginnen schließlich heftig miteinander zu streiten und bekennen zuletzt, zitternd und wehklagend, vor dem König im Staub liegend: »Erhabener König, Bruder des Re, verstoße und strafe uns nicht. Wesh-Ptah ist tot. Kein Sterblicher kann ihm mehr helfen. Uns bleibt nur übrig, ihm eine würdige Grabstätte zu besorgen.«

Wir wissen nicht, ob die Ärzte vor mehr als 4000 Jahren ihren Wesir überlebten und ob der Pharao Gnade walten ließ. Diese Geschichte wird uns durch eine Grabinschrift überliefert. Daraus geht hervor – und andere Zeugnisse bestätigen es –, dass es im Ägypten der Pharaonen wenigstens zwei, wenn nicht gar drei Arten des Heilens und entsprechend zwei oder drei Berufe gab, die sich der Heilkunst widmeten.

An erster Stelle standen die Priester. Denn, so die damalige Vorstellung, jedes Heil und Unheil des Menschen hing immer von den Göttern ab. Deshalb waren Gebete und eine Art starker Suggestion die ersten und wichtigsten Heilmittel. Man wusste um die magische Kraft des Fluchs, von Missgunst und Neid, und versuchte deshalb immer zuerst, mit entsprechenden Segenswünschen Flüche abzuwenden oder unschädlich zu machen. Zuständig für diese Art der Heilung waren die Priester.

Daneben kannte man aber auch schon die natürlichen Krankheitsursachen und natürliche Mittel, sie zu heilen.

Krankheiten, auch das wussten die alten Ägypter, können ihre Ursache aber auch in falscher Ernährung haben, im Parasitenbefall oder in Verletzungen. Dann musste der Arzt gerufen werden.

Diese Ärzte waren keine Mediziner im heutigen Sinne. Sie besaßen keine Ausbildung in Physik, Chemie, Pathologie, Chirurgie, Pharmakologie und wie die Disziplinen alle heißen. Die meisten von ihnen dürften nur eine einzige Kunst beherrscht haben: Sie konnten lesen und deshalb die Medizinbücher mit ihren vielen hundert Rezepten entziffern, diese erklären und damit den Heilschatz, der angeblich direkt von den Göttern stammte, den Menschen vermitteln.

Diese Ärzte hatten auch nichts zu befürchten, solange sie sich streng an ihre Bücher hielten und nichts anderes verordneten als das, was dort aufgezeichnet war – und solange sie sich an die unumstößliche Regel hielten: Keine Behandlung vor Ablauf von drei Tagen!

Lag ein Patient mit Fieber im Bett und rief er den Arzt, dann musste dieser drei Tage verstreichen lassen, ehe er ein Medikament in Anwendung brachte. Offenbar wusste man schon damals, dass der Körper eigene Heilkräfte besitzt. Sie sollten Gelegenheit finden – ohne gestört zu werden –, die Krankheit aus eigener Kraft zu bewältigen. Erst dann, wenn am vierten Tag nach Ausbruch der Krankheit keine Besserung feststellbar war, durfte der Arzt in Aktion treten. Hielt er sich nicht daran, riskierte er sogar sein Leben. So streng war das Gesetz. Nur der Pharao selbst oder ein hoher Priester konnte dem Schriftkundigen die Erlaubnis erteilen, früher an ein Krankenbett zu treten.

Das war aus heutiger Sicht eine sehr sinnvolle Regelung, weiß man doch, dass alltägliche Erkältungskrankheiten sieben Tage lang dauern. Ab dem vierten Tag zeigt sich die Wende – und zwar ganz unabhängig davon, ob man starke Medikamente zu sich nahm, oder ob man sich schonte und alles andere dem Körper überließ. Es wäre an der Zeit, dass man sich heute an die alte Weisheit wieder viel deutlicher erinnern würde: Wieviel Medikamentenmissbrauch mit oftmals schwersten Folgen könnte verhindert werden!

Der Papyrus Ebers

So mangelhaft die Ausbildung der Ärzte im alten Ägypten auch gewesen sein mag: Sie waren in der Praxis bereits erstaunlich spezialisiert. Es gab Ärzte, die offenbar besonders geschickt waren im Einrichten von Knochenbrüchen; Ärzte, die viel Erfahrung als Hals-, Nasen-, Ohren-Spezialisten besaßen; Ärzte, die sich in erster Linie um eine gesunde Ernährung kümmerten; Ärzte, die praktisch nur zum Erbrechen verhalfen, die den Aderlass und Einläufe beherrschten; Wundärzte, die man bei Verletzungen und Entzündungen rief.

Neben dem Priester und dem Arzt gab es im alten Ägypten, soweit wir wissen, noch einen dritten Heiler: den Magier, den Wunderheiler, den Begnadeten, der durch »Besprechen« zu heilen versuchte.

Die Rezepte der ägyptischen Medizin sind uns großenteils erhalten. Man fand sie auf Papyrusrollen bei Ausgrabungen. Diese Rollen aber sind nichts anderes als die Medizinbücher, an die sich die Ärzte damals unbedingt zu halten hatten. So gibt es den Papyrus Kahun. Er stammt aus der Zeit um 1900 v. Chr., ist nur drei Seiten lang und enthält Rezepte gegen Frauenleiden, gegen »hysterische« Krankheiten und sogar Schwangerschaftstests.

Der Edwin-Smith-Papyrus, um 1600 v. Chr. entstanden, beschreibt, wie man Wunden, Brüche, Luxationen behandelt. Er hat 17 Kolumnen.

Das umfangreichste erhaltene Medizinbuch aus Ägypten ist der sogenannte Papyrus Ebers, etwa 3550 Jahre alt. Er umfasst 108 Textspalten. Gefunden wurde die Rolle 1873 von dem Leipziger Professor Georg Ebers (1837–1898). Sie ist 20 Meter lang und 30 Zentimeter breit. Jede Textspalte hat 20 bis 22 Zeilen.

Das Alter dieser Schrift lässt sich leicht bestimmen, weil auf der Rückseite der Rolle ein Kalender mit dem Namen eines ägyptischen Königs aufgemalt ist. Dieser König hat um 1550 vor Christus gelebt.

Doch der Inhalt der Schrift ist zweifellos noch sehr viel älter. Manche Rezepte weisen selbst darauf hin. Einmal, im Zusammenhang mit einem Rizinusrezept, ist die Rede davon, dass es aus einer alten Schrift stamme. Ein andermal, bei Beschreibungen der Blutgefäße, wird darauf hingewiesen, man habe dieses Wissen schon zur Zeit von Usaphais besessen, einem König der 1. Dynastie, der vor mehr als 5000 Jahren regierte. Bei einem Haarwuchsmittel ist angemerkt, es sei für Shesh, die Mutter von König Teti, zubereitet worden. Teti gehörte zur 6. Dynastie und lebte um 2500 vor Christus. Tatsächlich finden sich die Rezepte auch gleichlautend in älteren Schriftfragmenten.

Die Rezeptsammlung – sicherlich nur ein Auszug aus umfangreicheren Büchern – hält sich nicht lange auf mit Beschreibungen der Krankheiten und Erklärungen über deren Ursachen. Sie beschränkt sich darauf, darzulegen, was im Falle eines Hustens, bei Fieber, bei Kopfweh, Gelenkschmerzen und so weiter zu tun ist. Auch diese Angaben sind sehr knapp – in vielen Fällen leider auch nicht bis ins Letzte zu klären. Manche Textstellen sind unleserlich, andere enthalten Namen, die bisher niemand zu deuten verstand.

Die Ägypter haben ihre Arzneien fast ausschließlich aus Heilkräutern, tierischen Bestandteilen und Mineralien hergestellt. Wer sich eingehender mit diesem Medikamenten-Schatz befasst, der findet bald heraus, dass zumindest viele Mittel natürliche chemische Substanzen verwenden, die sich als wirksam, ja als heilsam erwiesen haben und deshalb heutzutage noch als heilsam gelten. Als Beispiele seien Rizinus, Sennesblätter und Koloquinten (Bitterapfel) genannt – Naturheilmittel, die in mancher Hinsicht auch heute unübertroffen, weithin sogar die Arznei schlechthin geblieben sind.

Vor Jahrtausenden wusste man aber auch schon – und das ist mehr als verblüffend –, dass Nachtblinde Leber verspeisen müssen; dass verschiedene metallische Salze bei Augenleiden helfen; dass Gerbsäure die Blutgefäße strafft. Vieles von dem, was wir später bei Hippokrates und Galenos finden, dürfte tatsächlich aus dem altägyptischen Rezepte-Schatz stammen. Es wurde übernommen, weil es sich bewährt hatte – damals schon seit Jahrtausenden.

Auffallend dominierend unter den altägyptischen Rezepten sind die Abführmittel. Sie wurden nicht nur bei Leibschmerzen, Verstopfung, Verdauungsbeschwerden empfohlen, sondern auch bei Hautunreinheiten, bei übermäßigem Schwitzen und unangenehmem Körpergeruch, bei Magengeschwüren und bei Haarausfall. Alle diese Leiden, so die Vorstellung, werden von Giftrückständen der Nahrung verursacht. Deshalb müssen diese Gifte rasch und gründlich weggeschafft werden.

Angewendet wurden die Heilmittel damals schon so wie heute: Man nahm sie ein, rieb sie auf schmerzende Glieder, machte Umschläge, gab sie ins Badewasser. Ja, selbst Inhalationen, Gurgeln, Einläufe und die Verwendung eines Medikaments als Zäpfchen waren bereits üblich.

Auch bestimmte Operationstechniken beherrschten die Ägypter schon. Sie wagten sich beispielsweise an Bruchoperationen und entfernten Zysten. »Bei der Entfernung eines Atheroms darf nichts vom Säckchen zurückbleiben, sonst wächst es erneut heran.« Solche Hinweise sprechen ebenso für Erfahrung und Wissen wie das Verbot, etwa Krampfadern operieren zu wollen: Man kannte seine Grenzen und schob jedem Experimentieren – zum Schutz des Patienten – einen Riegel vor. Blutende Wunden wurden in aller Regel – wie noch viele Jahrhunderte später – mit rotglühendem Eisen ausgebrannt.

Doch zu den Rezepten selbst. Am Anfang des Papyrus Ebers stehen gebetartige Beschwörungsformeln, die der Arzt vor der Zubereitung des Medikaments und vor seiner Anwendung sprechen musste:

»Ich bin mit den Alten aus Heliopolis in den Tempel gekommen, mit den Beschützern und Beherrschern der Ewigkeit. Ganz bestimmt bin ich von Sais gekommen mit der Mutter der Götter. Sie haben mir ihren Schutz gegeben. Ich besitze Formeln, erstellt vom Herrn des Universums zur Heilung der Krankheiten, die von einem Gott oder einer Göttin, von Verstorbenen oder feindseligen Männern oder Frauen verursacht sind; die meinen Kopf heimsuchen, meinen Nacken, meine Schultern, mein Fleisch, meine Glieder.

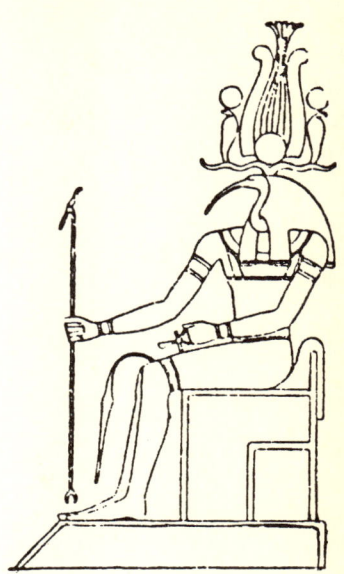

Thot, der ägyptische Gott
der Schreibkunst

Diese Rezepte sind mir auch gegeben, die Übeltäter zu bestrafen, den Kopf jener, die dafür gesorgt haben, dass Krankheit in mein Fleisch eingedrungen ist und Schwäche meine Glieder befallen hat.

Ich gehöre Re. Er hat versprochen: ›Ich werde ihn vor seinen Feinden in Schutz nehmen. Thot wird sein Führer sein, er, der dieses Buch verfasst und zusammengestellt hat. Er gibt dem Sachkundigen, dem Arzt, der sich an ihn hält, das Geschick zu heilen. Er vermag am Leben zu erhalten, wen die Götter lieben.‹ Mich lieben die Götter. Thot wird mich gesund erhalten.«

Diesem und zwei weiteren, schon angeführten Gebeten folgen die Rezepte.

Damit die Verdauung stimmt

Die Ägypter empfahlen »zur Öffnung der Gedärme, um den Bauch zu leeren und damit alle Übel, die im Körper sind, hinauszufegen« als besonders wirksames Mittel:

> *»4 Teelöffel Honig, 5 Teelöffel Koloquinten,*
> *5 Teelöffel Dattelwein, 4 Teelöffel Sennesblätter,*
> *5 Teelöffel Speiseöl.*
> *Das wird kurz aufgekocht und im Laufe eines*
> *Tages zu sich genommen.«*

Hier werden unter anderem zwei typische Abführdrogen genannt: Koloquinten und Sennesblätter.

Koloquinten sind apfelgroße, giftige Früchte, von denen man seit alters her behauptet, sie seien krebshemmend. Als Abführmittel wirken sie ungemein drastisch, so dass diese Früchte heute in Abführmitteln nur noch in sehr kleinen Mengen verwendet werden. Man weiß von den Koloquinten, dass sie den Darm zur Flüssigkeitsabsonderung anregen und die Darmschleimhaut stark reizen. Wer ein solches Rezept selbst herstellen möchte, der sollte unbedingt daran denken, dass die Menschen vor 2000 Jahren sicherlich robuster waren und Kräftigeres als wir heute vertragen konnten. Koloquinten, sollte man sie in Pulverform überhaupt beschaffen können, dürfen nicht ohne vorherige Rücksprache mit dem Apotheker verwendet werden!

Die Sennesblätter zählen ebenfalls noch heute zu den zuverlässigsten, aber ebenfalls stark wirksamen Abführmitteln, die im Notfall wunderbar wirken, die man allerdings nicht unentwegt anwenden darf.

Unter den 38 altägyptischen Abführmitteln im Papyrus Ebers befinden sich auch zwei recht einfache und harmlose:

»Geröstete Feigen werden in frisches Olivenöl
gegeben. Man kann, je nach Geschmack, noch
einige Trauben beifügen. Das isst man bei
Leibschmerzen und Verstopfung und spült es mit
einem Getränk, am besten mit leichtem Wein,
hinunter.«

Und »um den Bauch zu entleeren und alle Fäulnis herauszutreiben und um die Urinausscheidung zu regulieren und eine Gesamtreinigung des Körpers vorzunehmen«:

»5 Teelöffel Gänsefett, 1 Teelöffel Rizinusöl
werden kurz aufgekocht und eingenommen, sobald
es sich auf Fingerwärme abgekühlt hat. Man
trinkt etwas Wein nach.«

Die Ägypter hielten sehr viel von der Reinigungskraft des Rizinus. In der Regel kauten sie einzelne Samenkörner, spülten sie mit einem Schluck Bier oder Wein hinunter. Wollten wir heute Ähnliches versuchen, würden wir uns schwer vergiften. Schon zehn Rizinuskörner können tödlich sein. Man darf annehmen, dass die Ägypter sich vielleicht schon von klein auf an das Gift gewöhnt hatten. Für sie war Rizinus eine Alltagsdroge.

Rizinusöl, wie wir es heute gebrauchen, ist völlig ungiftig und darf bedenkenlos angewendet werden. Aber auch das Öl sollte Notfall-Medizin bleiben. Für den Dauergebrauch ist es ungeeignet.

Welche Rolle Rizinus vor Jahrtausenden schon spielte, erläutert ein eigener Absatz im Papyrus Ebers:

»Um zu wissen, wie man die Rizinuspflanze
anwendet – in Übereinstimmung mit dem, was in
alten Schriften festgehalten ist, sei angemerkt:
Werden die Wurzeln in Wasser zerkleinert und
zerstoßen und bei Kopfschmerzen aufgelegt,

verschwinden die Schmerzen alsbald.
Wird ein wenig vom Samen gekaut und mit Bier
hinuntergespült, vertreibt Rizinus die
Bauchschmerzen und führt ab. Ferner verwenden
Frauen Rizinussamen als Haarwuchsmittel: Sie
zerstampfen die Körner und geben sie in Öl.
Damit waschen sie die Haare, lassen es ein wenig
einwirken und spülen es dann wieder mit
lauwarmem Wasser aus.
Schließlich benutzt man das Öl der Rizinussamen,
um Patienten damit einzureiben, wenn sie unter
Blähungen leiden. Man tut das 10 Tage lang, und
zwar jeweils am frühen Morgen, bis die Haut
richtig rot ist.«

Herzbeschwerden – behandle den Magen!

Herz und Magen, zwei eigenständige Organe mit höchst unterschiedlichen Aufgaben, gehörten für die ägyptischen Ärzte so eng zusammen, dass sie beide fast wie eine Einheit betrachteten. Niemals durfte das eine ohne das andere behandelt werden. Am Anfang jeder Herztherapie stand immer die »Entlastung« des Herzens durch »Räumung und Entleerung« des Leibes.

Dass diese Praxis so falsch nicht war, zeigt die Erfahrung: Eine ganze Reihe vermeintlicher Herzbeschwerden zeigt tatsächlich kein geschwächtes oder gar krankes Herz an, sondern sie rühren vom bedrängten, beengten Herzen her: der volle Bauch, ein übervoller, nach oben verschobener Magen drücken auf das Herz, so dass es sich beim Entspannen, also zwischen zwei Schlägen, nicht recht ausdehnen kann. Auch die Venen, die das Blut zum Herzen führen, werden abgeklemmt und können sich nicht richtig füllen, wodurch ein Venenstau im Brustraum entstehen kann.

Umgekehrt sagen die Franzosen auch heute noch, wenn ihnen

übel ist: »J'ai mal au coeur« – mein Herz tut mir weh. Und tatsächlich deuten viele Übelkeiten, die wir dem Magen zuordnen, in Wirklichkeit auf Herzprobleme.

Die Ägypter scheinen diese Zusammenhänge schon gekannt zu haben. Im Papyrus Ebers widmen sie viele Spalten der Behandlung von Herzbeschwerden, von Störungen, die den Magenmund betreffen, und von Sodbrennen – das alles scheint kaum voneinander zu trennen zu sein.

In diesem Zusammenhang werden auch, was sonst ganz selten geschieht, Untersuchungsweisen zur Abklärung der Beschwerden geschildert. Das lautet dann etwa so:

> *»Falls du einen Patienten wegen Schmerzen in der Herzgegend untersuchst und feststellst, dass seine Glieder so schwer sind, als litte er unter einem Anfall von Schwäche, dann solltest du deine Hand auf sein Herz legen. Fühlst du es trommeln, ist es bald deutlich spürbar, bald wie verschwunden, dann kannst du deinem Patienten sagen: ›Es handelt sich um eine Verdauungsschwäche. Sicher verspürst du auch keinen rechten Appetit.‹ Sorge dafür, dass sein Leib geräumt wird: Nimm das Innere von frischen Datteln und mache mit Bier einen Brei daraus. Das soll er trinken, dann kommt der Appetit von selbst wieder.*
> *Wenn du ihn nach dieser Kur wieder untersuchst und seinen Brustkorb warm, seinen Unterleib kalt vorfindest, dann kannst du ihm sagen: Du bist auf dem Weg der Besserung. Verbiete ihm aber vorerst alle stopfenden Süßigkeiten!«*

Oder:

> *»Wenn du einen Patienten wegen Schmerzen in
> der Brust untersuchst und dabei feststellst, dass
> sich die Schmerzen in den Arm erstrecken und
> sich stark auf die Brustmitte konzentrieren, dann
> ist die Angelegenheit sehr ernst. Du solltest ihm
> ein pflanzliches Stärkungsmittel geben. Lege die
> flache Hand auf sein Herz, bis die Schmerzen im
> Arm nachlassen.«*

Haben wir es hier nicht mit der Schilderung eines Herzinfarktes, zumindest eines heftigen Angina-pectoris-Anfalls zu tun? Selbstverständlich kann man weder das eine noch das andere mit bloßem Handauflegen heilen. Doch unbestritten ist: Es gibt im akuten Notfall bis zum Eintreffen des Arztes nichts Wichtigeres, als den Patienten zu beruhigen. Und das ist mit dem Auflegen der Hand zu erreichen, sofern man selbst ruhig bleiben kann.

Als Herzstärkungsmittel empfahlen die alten Ägypter beispielsweise:

> *»Honig, Olivenöl, etwas Weihrauch und Wein
> werden gut verrührt, gekocht und gegessen.«*

Oder ein Mittel, das als besonders wirksam angepriesen wird:

> *»Ein Stückchen einer reifen Gurke, Feigen (die
> fünffache Menge), gelber Ocker (1 Teelöffel),
> Wasser (1 Tasse). Das gibt man zusammen,
> verrührt es gut und lässt es über Nacht im Freien
> stehen. Am nächsten Morgen presst man es aus
> und trinkt es.«*

Gurken gelten auch heute noch als vorzügliches Herz- und Nierenmittel.

Wenn Götter Kopfschmerz haben

Mit der Spalte 47 des Papyrus Ebers beginnen Rezepte, die die Götter für sich selbst und füreinander zubereitet haben – so heißt es. Auch Götter haben Kopfschmerzen – und andere Beschwerden – und benötigen deshalb Heil- und Linderungsmittel.

Re selbst soll sich folgende Arznei zubereitet haben:

> *»Lauwarmer Honig, Bienenwachs,*
> *Weihrauchstückchen, das Mark von Binsensamen,*
> *Korianderfrüchte, Wacholderbeeren,*
> *Fichtennadeln, frischer, zermahlener Hafer.*
> *Das alles wird gut vermischt, leicht erwärmt und*
> *dort aufgelegt, wo sich Schmerzen melden. Gut*
> *einbinden!«*

Diesen Schmerzumschlag haben die Ägypter vor allem bei Gliederschmerzen gemacht. Es fehlen in diesem Rezept alle Mengenangaben. Doch dürfte es im Hinblick auf die Wirkung auch nicht entscheidend sein, ob man von einer Zutat etwas mehr oder weniger nimmt, oder ob man sie notfalls ganz weglässt, sollte sie nicht zur Hand sein.

Der Gott Schu hat für sich – laut Papyrus Ebers – dieses Schmerzmittel erdacht:

> *»Weizenmehl, Salz, Olivenöl, Korianderpulver,*
> *Ruß von der Wand, zermahlene Bohnen,*
> *Weihrauch, gelber Ocker, flüssige Zellulose.*
> *Daraus wird ein warmer Brei gemacht, den man*
> *auf die schmerzenden Glieder bindet.«*

Isis hat für Re folgendes Mittel gegen seine Kopfschmerzen zubereitet:

»Dillsamen, Koriandersamen, Thymian, Myrte,
Eselfett. Damit wird der Kopf eingerieben.«

Dieses äußerst knappe Rezept dürfte so gehandhabt worden sein: Dill- und Koriandersamen wurden zu einem feinen Pulver zermahlen oder zerstoßen. Der getrocknete Thymian und die ebenfalls dürren, fein zerriebenen Blätter des Myrrenbaumes wurden darunter gemischt. Dieses Pulver gab man sodann in Eselfett (vielleicht ein halbes Pfund). Das wurde kurz auf kleiner Flamme gekocht, dann noch heiß durch ein Tuch gegossen und in kleine Gläser gefüllt. Man benutzte es bei Kopfschmerzen wie eine Salbe.

Bei dem so genannten Gesichtsreißen (Trigeminusneuralgie) – die Ägypter sagten »wenn das Gesicht auf einer Seite schmerzt« – kochten sie den Kopf eines Fisches (sie nahmen, falls vorhanden, einen Wels) in gutem Speiseöl. Mit dem Öl (lauwarm) rieben sie sich die schmerzende Gesichtshälfte vier Tage hintereinander ein. Und dann musste die »Kur« weitergeführt werden, auch wenn die Schmerzen inzwischen abgeklungen waren.

Ein Kapitel für Frauen

Die letzten Rezepte des Papyrus Ebers sind Frauenleiden gewidmet. Sie reichen von Hilfen, schwanger zu werden und Maßnahmen zur Verhütung einer Fehlgeburt bis hin zur Stabilisierung der Monatsregel. Doch auch die Schönheit, Pflege von Haut und Haaren sind nicht vergessen.

Zunächst allerdings – nicht nur für Frauen – ein Mittel zur Heilung von Stoß- und Quetschverletzungen, die ein »blaues Auge« oder sonst einen Bluterguss hinterlassen. Das klingt doch sehr bekannt:

> *»Binde am ersten Tag frisches Fleisch auf die*
> *Verletzung, Danach behandle die betroffene Stelle*
> *mit Öl und Honig, bis sie sich gebessert hat.*
> *Zuletzt trage Öl und Bienenwachs auf, damit sich*
> *die Heilung beschleunigt.«*

So alt und so sinnvoll ist, was man jetzt noch tut! Boxer, Fußballer, Eishockeyspieler brauchen heute kein frisches Fleisch mehr. Sie wissen, dass man die Enzyme, die zur Heilung nötig sind, und die im frischen Fleisch in besonders reichem Maß vorhanden sind, schon vorbeugend einnehmen kann, so dass Prellungen und dergleichen von vornherein abgestoppt und beschleunigt geheilt werden. Die Enzyme bauen das geronnene Blut ab und tragen wesentlich dazu bei, dass es weggeräumt wird.

Honig – er fehlt kaum in einem Rezept als Heilmittel – besitzt eine antibiotische Wirkung. Dasselbe gilt für Bienenwachs. Es ist erstaunlich, wie viel Erfahrung in der Heilkunde vor Jahrtausenden schon gesammelt war. Keine Spur von Zauberei oder Aberglauben in solchen Rezepten!

Ein Mittel gegen Ausschlag auf der Kopfhaut:

> *»Rizinussamen, Talg, Olivenöl werden zusammen*
> *gemischt und täglich in die Kopfhaut*
> *eingerieben.«*

Man muss sich die Zubereitung wieder folgendermaßen vorstellen: Ein paar Rizinussamen werden fein zermahlen. Der Talg wird erwärmt, etwas Olivenöl und das Rizinuspulver beigegeben. Damit reibt man (lauwarm) die Kopfhaut ein, lässt es ein paar Minuten einwirken und wäscht es wieder aus.

Auch graue Haare scheinen vor Jahrtausenden schon ein Problem gewesen zu sein. Der Papyrus Ebers bietet gut ein Dutzend Rezepte dagegen an. Hier wenigstens eines davon:

*»Hirschhorn, fein zermahlen, wird in Öl in einer
Pfanne erhitzt. Man lässt das Öl dann lauwarm
werden und reibt es in die Haare. Mit warmem
Wasser nach ein paar Minuten wieder
auswaschen!«*

Das Haarwuchsmittel, »zubereitet für Shesh, die Mutter des Königs des oberen und unteren Ägyptens, von Teti, dem Gerechten«:

*»Ein roher, vom Fleisch gelöster Knochen wird
mit Dattelkernen, etwas vom Huf eines Pferdes
oder Esels ungefähr eine Stunde lang gut in Öl in
einem Kupferkessel gekocht. Mit dem abgeseihten
Öl wäscht man die grau werdenden Haare.«*

Gegen Unterleibsbeschwerden und Regelstörungen

Die Ägypter haben, wie später Hippokrates und Galenos, immer wieder darauf hingewiesen, dass der Unterleib einer Frau alles verkraften kann – außer Unterkühlung. Bei vielen Rezepten wird den Frauen empfohlen, sich auf vorgewärmte Kissen oder, noch besser, sich über einen dampfenden Topf zu setzen, in dessen heißem Wasser sich Kamillen oder andere Heilkräuter befinden: Man stellt den dampfenden Topf auf den Boden, darüber einen geflochtenen Stuhl, der den Dampf durchlässt, und setzt sich so auf den Stuhl, dass der Dampf nicht entweichen kann (ein Badetuch sollte rundum abdecken).

Über Unterleibsbeschwerden heißt es im Papyrus Ebers:

*»Untersuchst du eine Frau und stellst du fest,
dass die Schmerzen auf einer Seite des Unterleibs
sind, dann sage der Patientin: Es handelt sich um
eine Menstruationsstörung. Bereite ihr folgende*

*Umschläge: Nimm zerschnittene und gut
zerdrückte Zwiebeln und mische sie unter frisches
Sägemehl von Tannen- oder Fichtenholz. Binde
diese Mischung auf die schmerzende Stelle des
Unterleibs.«*

Solche Unterleibswickel macht man am besten über Nacht. Es empfiehlt sich, die Auflage mit einem großen Tuch gut zu um-wickeln und darauf zu achten, dass die »Packung« schön warm bleibt.

Gegen zu starke Regelblutungen und Blutungen, die außerhalb der Regel auftreten, empfiehlt der Papyrus Ebers:

*»Man nimmt etwas guten, leichten Wein, versetzt
ihn mit ein par Tropfen Zwiebelsaft und spritzt ihn
mit einer Pipette in die Vagina.«*

Noch einfacher ist der Sanikeltee:

*»Das getrocknete Kraut von Sanikel wird in Wein
oder Wasser – je nach Geschmack – gekocht und
abgeseiht. Davon trinkt man morgens und abends
schön warm drei, vier Schluck.«*

Das Sanikelkraut war in unserer Heimat in früheren Zeiten als »Bauchwehkraut« bekannt und im Gegensatz zu heute hochge-schätzt.

Auch bösartige Geschwülste im Unterleib scheint es vor 4000, 5000 Jahren schon gegeben zu haben – sie sind also keineswegs eine »Errungenschaft« unserer Tage, verursacht von einer zuneh-mend verdorbenen Umwelt.

Die Ägypter kannten den Krebs – obwohl sie eine viel kürzere Lebenserwartung hatten als wir und Krebserkrankungen bekannt-lich in den meisten Fällen erst mit beginnendem Alter bemerkbar werden. Die Ägypter haben versucht, den Unterleibskrebs auf natürliche Weise zu heilen. Ihr Rezept:

> *»Frische Datteln, frische Malabatriumblätter,*
> *Kalkstein von der Küste werden gut zerstampft*
> *und in Wasser gegeben. Das lässt man die Nacht*
> *über im Tau stehen. Am nächsten Morgen seiht*
> *man es ab und spritzt es mit einer Pipette in die*
> *Vagina.«*

Malabatrium ist eine großblättrige, stark duftende Pflanze aus Indien. Im Altertum ist sie offensichtlich weithin als Krebsheilmittel verwendet worden. Die alten Ärzte haben wiederholt darauf hingewiesen, dass diese Blätter sehr frisch sein müssen, was man am guten Duft überprüfen kann. Sobald er verloren gegangen ist, soll auch die Wirkkraft der Heilpflanze verloren sein.

Noch im Mittelalter hat man diese Malabatriumblätter in Wein gekocht und mit diesem Wein dann entzündete und durch Geschwülste verunstaltete Augen bestrichen.

Ein zweites Heilmittel gegen Unterleibskrebs:

> *»Gekochte Kuhmilch und der Saft des*
> *Schotendorns werden zusammengegeben. Man*
> *lässt das über Nacht im Freien stehen. Am*
> *nächsten Morgen spritzt man die Milch in die*
> *Vagina.«*

Schotendorn ist ein orientalischer Baum mit kräftigen Stacheln, verwandt mit der Akazie, die bei uns als Zierbaum in Parkanlagen angepflanzt wird. Früher hat man aus dem Mark des Schotendorns einen Saft gepresst oder die Bäume angezapft und das herauslaufende Harz gesammelt. Beides, Saft wie Harz, wurden als Heilmittel gegen Entzündungen eingesetzt. Diese auch in Amerika heimische Pflanze ist dort den Indianern ebenfalls als Heilpflanze gegen bösartige Erkrankungen und schwer heilende Wunden bekannt gewesen.

Es wäre sicher falsch, wollte man versuchen, eine fortgeschrittene Krebserkrankung mit solch uralten Heilmitteln anzugehen. Darum kann es nicht gehen. Speziell Unterleibskrebs kann heute sicherer und mit weit besseren Heilungschancen behandelt werden.

Wichtig allein ist die Einsicht, dass die Menschen schon vor Jahrtausenden mit der Natur vertraut waren und in ihr immer wieder das fanden, was ihnen zum Heil, zur Heilung diente. Die Ärzte im alten Ägypten waren keineswegs, wie immer wieder behauptet wird, dem Geisterglauben verhaftete Magier oder Priester, die ausschließlich das Gebet als Heilkraft einzusetzen versuchten. Das alles gehörte zweifellos dazu. Doch dies war für die Menschen ein Segen, denn die positive Beeinflussung der Seele hat die Heilung damals gewiss stärker beeinflusst, als das bei der kritischen Einstellung der modernen Menschen der Fall sein kann.

Grundlage aller Behandlungen aber, das geht aus der Auswahl der ägyptischen Rezepte deutlich hervor, war reiche Erfahrung im Umgang mit Pflanzen, Mineralien, Ölen, Weinen und Fetten. Eine Erfahrung, die offenbar sehr viel älter ist, als man gemeinhin annimmt. Dies aber macht die Naturheilkunde auch in unseren Tagen unschätzbar wertvoll. Mag manche Wirkung nach wie vor nicht bewiesen sein: Die alten Ägypter haben sie bereits erprobt und sie besaßen in ihrer Erfahrung schon uralte Tradition. Guten Gewissens darf man heute behaupten: Was in der Naturheilkunde angeboten wird, ist älter und bewährter als jedes andere Wissen.

Für die alten Ägypter war das irdische Leben eine einzige Vorbereitung auf den Tod, mit dem das eigentliche, das befreite Leben erst beginnen sollte. Selbstverständlich erging es jenen Menschen nicht anders als uns heute: Sie hingen genau wie wir an diesem Leben und versuchten, es so angenehm oder zumindest erträglich wie möglich zu gestalten, Beschwerden, vor allem aber Schmerzen auszuschalten und ein möglichst hohes Alter ohne Siechtum zu erreichen.

Trotzdem verstanden sie – von der Zielrichtung her – unter Gesundheit etwas völlig anderes als wir: Wer nach dem Tod im jenseitigen Leben sehr gefährlichen, vielleicht sogar tödlichen Einsatz wagen muss, weil die Unsterblichkeit noch keineswegs gesichert ist, sondern erst erkämpft werden muss, der muss vollkommen hinübergelangen – vor allem geistig wie seelisch gefestigt und so stabil wie möglich.

Bei der Gesunderhaltung und der Heilung ging es also nicht in erster Linie darum, den Körper funktionsfähig zu erhalten, sondern der Mensch musste dafür sorgen, dass die im Körper wohnenden Seelen – man glaubte nicht nur an eine, sondern an wenigstens drei verschiedene Seelen oder Seelenkräfte – durch den Körper nicht geschädigt, nicht beeinträchtigt oder gar zum Verkümmern gebracht werden.

Doch so viel wusste man immerhin: Eine Vergiftung des Körpers oder eine Schädigung von außen kann die seelischen Kräfte ganz oder wenigstens teilweise lähmen, verdunkeln, ausschalten. Körper und Seele mussten demnach in ganz engen Wechselbeziehungen zueinander stehen.

Man könnte es auch anders formulieren: Ob ein Mensch gesund ist oder nicht, dafür gab es bei den alten Ägyptern ein unfehlbares Anzeichen: die Stimmung des Gemüts. Jede Verdüsterung war für sie ein Hinweis dafür, dass sich die Seele im Körper nicht mehr wohl fühlte. Schmerzen waren entsprechend der Schrei der Seelen nach Befreiung von körperlicher Belastung und Beengung.

In jeder Medizin sah man ganz folgerichtig ein »Seelen-Entlastungsmittel«. Um sie, nur um sie ging es. Ein Mensch konnte noch sosehr vor körperlicher Gesundheit strotzen: Strahlten seine Augen nicht gleichzeitig Freude, Zuversicht, Lebenslust aus, dann war dringend ärztliche Hilfe nötig. Denn der Traurige, der Melancholische oder gar der geistig Verwirrte besaß nach dem Tod keinerlei Überlebenschance.

Im Jenseits lauerten vor allem zwei Gefahren auf die Seelen der Verstorbenen: das Verhungern, wenn die Hinterbliebenen keine Opfergaben spendeten, und, fast noch schlimmer, der Verlust der eigenen Identität. Wer nicht mehr wusste, wer er ist, wie er heißt, wie er aussieht, der musste den »zweiten Tod«, das endgültige Ende, hinnehmen. Den Leib hat man einbalsamiert, damit er, wie ein Ankerplatz für die Seele, als Bild zurückblieb, an dem sich die Seelen immer wieder orientieren konnten.

Wichtiger als einen Menschen unter allen Umständen am Leben zu erhalten, war deshalb die Aufgabe des Arztes und Priesters – beide arbeiteten Hand in Hand – »seine Zuversicht und sein Selbstbewusstsein zu stärken«. In vielen Gebeten, die sich mit dem Übertritt vom irdischen in das jenseitige Leben befassen, wird dem Sterbenden geradezu suggestiv nahe gebracht: »Du bist der Größte! Dich kann keiner besiegen! Du stehst im Schutz der mächtigsten Götter, ja, du bist selbst ein Gott.«

Ganz ähnlich war die Einstellung bei der Behandlung kranker Menschen, die man wieder gesund zu machen versuchte: Der Arzt musste dem Patienten zuerst einmal Mut machen, ihn beschwören, sich nicht aufzugeben, an seine Gesundheit zu glauben und die innere Heiterkeit trotz aller Beschwerden nicht zu verlieren.

Überaus schöne Gedanken und Überlegungen, die man heute wieder entdecken sollte: Was ist schon Gesundheit wert – ohne Freude? Und wie viel Heilkraft liegt in der Freude!

*»Ein intelligenter Mensch muss es verstehen, so
zu leben, dass die Gesundheit möglichst erhalten
bleibt, und sich durch eigene Kenntnisse zu
helfen, sobald sie bedroht ist. Das müsste
eigentlich einleuchtend sein: Gibt es ein
wertvolleres Gut als die Gesundheit? ...
Der Arzt soll sagen können, was vorher war. Er
soll erkennen, was gegenwärtig vorliegt. Und er
soll vorhersagen, was künftig sein wird. Diese
Kunst muss er üben.
Auf zweierlei kommt es nämlich bei jeder
Behandlung einer Krankheit an: zu nützen – oder
wenigstens nicht zu schaden ...«*

Hippokrates

(460–375 v. Chr.)

»Ergreift die Hände der Götter!«

Sommer 410 v. Chr.

Die Sonne steht schon tief im Westen. Vom Meer her weht ein
sanfter Wind. Im großen Halbkreis haben sich die Pilger am Strand
niedergelassen: Griechen, vor allem reiche Leute aus Athen, Syrer,
Juden, Ägypter, selbst Libyer und Römer sind gekommen, hierher
an den heiligen Ort der Heilung, auf die Insel Kos. Sie hoffen, von
Hippokrates geheilt zu werden, vom berühmten Wunderheiler, von
dem man sagt, dass er direkt von Äskulap, dem heilmächtigen Sohn
Apolls, abstammt, dem Gott mit der Schlange, der wie kein anderer

von den Menschen verehrt wird. Was nützen schließlich Reichtümer und alle anderen Segnungen dieser Welt, solange die Gesundheit fehlt?

Hippokrates hat seine Schüler bei sich, darunter seine Söhne Thessalos und Drakon und den Schwiegersohn Polybos, alle Ärzte wie er selbst.

Man bringt ihm ein Ehepaar aus Skythien, das aus dem Norden über den Balkan, von der Donau zur Insel Kos gekommen ist. Der Mann trägt Frauenkleider und bietet einen recht erbärmlichen Anblick. Keine Spur von dem, was man den wilden, kriegerischen Skythen nachsagt, die als tollkühne Reiter ganz Osteuropa unsicher machen.

Hippokrates, nach einer klassischen griechischen Büste

»Was mag er nur angestellt haben, dass ihn die Götter derart hart strafen?«, fragt Thessalos seinen Vater.

Hippokrates schüttelt verärgert den Kopf. »Wie oft muss ich es euch noch sagen? Jede Krankheit hat eine ganz natürliche Ursache. Nach ihr müssen wir Ärzte forschen, dann erfahren wir von selbst die Strafe der Götter. Seht euch diesen Mann an. Man glaubt es kaum, dass er einmal ein tüchtiger Reiter war. Doch nicht irgendein Fluch der Götter hat ihn dahin gebracht, sondern die Art seines Lebens.«

Und dann hält Hippokrates seinen Schülern eine Vorlesung über die Einwirkung der Natur auf die Menschen und über die Folgen einer falscher Lebensweise:

»Die Skythen sind bekannt dafür, dass sie nur wenige Kinder haben. Dieses Nomadenvolk, das keine festen Dörfer und Städte besitzt, sondern mit seinen Herden auf großen Wagen über die russische Steppe zieht, lebt in sehr rauer, unfruchtbarer Gegend, die bissigen, kalten Nordwinden ausgesetzt ist. Es gibt in ihrer Heimat keine hohen Berge, die diese abhalten würden. Die warmen Südwinde dringen nur selten und dann abgeschwächt zu ihnen vor. Deshalb müssen sie mit Eis und Schnee und kalten Nebeln leben. Der Sommer dauert nur wenige Tage, und auch die sind nur kurz. Übrigens gibt es dort, wo sie leben, auch keine großen Tiere, sondern nur solche, die sich in der Erde verkriechen können. Der Winter und die Rauheit des Landes schließen jede andere Möglichkeit aus.

Diese Umgebung hat die Menschen geformt: Weil sie immer derselben kalten Witterung ausgesetzt sind und kaum Veränderungen erleben, sind Körper und Seele nicht gestählt, sondern der Gestalt nach dick, fleischig und schwammig.

Sie sind alle krummbeinig und untersetzt, weil sie ihr ganzes Leben lang nur sitzen. Die Kinder hocken, solange sie nicht reiten können, die meiste Zeit auf den Wagen und gehen nur selten zu Fuß. Die Frauen sitzen ebenfalls auf dem Wagen. Die Männer reiten. Sie haben eine rötliche Haut infolge der Kälte.

Ein Mensch, der so lebt und solchen Umweltbedingungen ausgesetzt ist, kann unmöglich viele Kinder kriegen: Der Mann hat infolge der Feuchtigkeit seiner Natur und der Weichheit und Kälte seines Unterleibs wenig Verlangen nach Liebe. Er ist dazu auch kaum in der Lage. Dazu kommt, dass er durch das ständige Reiten impotent wird.

Bei der Frau aber steht die Körperfülle dem Kindersegen im Wege. Die monatliche Regel erfolgt unregelmäßig, spärlich und verzögert. Die Gebärmutter kann den männlichen Samen nicht aufnehmen. Der Muttermund ist durch Fett verschlossen. Die Frauen selbst sind naturgemäß bequem und fett, ihr Unterleib ist schlaff und kalt.

So einfach sind die Zusammenhänge! Das skythische Volk besitzt die meisten impotenten Männer. Wenn sie zum ersten Mal merken, dass sie nicht imstande sind, den Beischlaf zu vollziehen, machen sie sich zuerst noch nichts daraus, sondern verhalten sich ganz still. Wenn sie aber beim zweiten oder dritten Mal oder noch öfter bei ihren Versuchen keinen Erfolg haben, dann wähnen sie, sie hätten sich wider die Gottheit versündigt. Sie ziehen Frauenkleider an, weil sie sich zur Entmannung verurteilt fühlen. Sie leben nun nach Weiberart und verrichten zusammen mit den Frauen dieselben Arbeiten wie diese. Man nennt sie ›Anarier‹. Ihre Landsleute schreiben die Ursache ihrer Krankheit einer Gottheit zu. Sie verehren die armen Männer und beten sie an, weil jeder Angst hat, das gleiche Schicksal könnte auch ihn treffen.

Beachtet wohl: So ergeht es den reichen und vornehmen Skythen, nicht etwa den Ärmsten unter ihnen. Die Armen besitzen nämlich keine eigenen Pferde und reiten deshalb auch nicht. Es werden also gerade jene krank, die den Göttern viel opfern und große Weibergeschenke stiften. Die Armen dagegen, die weit weniger tun können, weil ihnen die Mittel fehlen, bleiben verschont. Eigentlich müssten doch gerade ihnen die Götter zürnen, weil sie keine reichen Opfer darbringen. Es müsste also die Strafe die Armen weit mehr treffen als die Reichen.

Freilich, wie ich schon gesagt habe: Göttlich sind auch diese Fügungen, in gleicher Weise wie alle anderen. Es geschieht aber jedes Ding gemäß seiner Natur. Und es kommt eine solche Krankheit stets von einer greifbaren Ursache, wie ich es dargelegt habe.

Und das ist nicht nur bei den Skythen so. Wo man am meisten und häufigsten reitet, werden die meisten Männer von Gelenkschwellungen, Hüftleiden und Fußgicht befallen – und impotent.«

Hippokrates ist noch nicht zu Ende. »Sagt mir«, wendet er sich an seine Schüler, »warum sind die Europäer so viel kriegerischer, ›raubtierartiger‹ als die Bewohner von Asien?« (Mit Asien meinte er die heutige Türkei, also Kleinasien und seine Umgebung.)

Die jungen Mediziner sehen einander nur an. Nach dem, was sie eben hörten, wagen sie es nicht mehr, vom besonderen Schutz durch den Gott des Krieges und der Tapferkeit zu sprechen. Sie sind sich nicht einmal mehr so ganz sicher, ob Mut und Furchtlosigkeit im Kampf überhaupt Tugenden sind. Hippokrates erwartet sicher eine »natürliche« Antwort. Und so ist es.

»Seht, das ist doch nicht so schwer zu begreifen«, beginnt er, ohne eine Antwort abzuwarten. »Die Umgebung formt nicht nur den Körper des Menschen und verursacht die typischen Leiden. Sie gestaltet auch seinen Charakter.

In Asien ist alles weiter und üppiger als in Europa. Auch ist das Land kultivierter, der Charakter der Menschen entsprechend sanfter und gutartiger. Die Ursache davon ist die Mischung der Jahreszeiten. Asien ist wirklich das Land der Mitte. Es liegt weit von den Regionen der Kälte und Wärme entfernt. Keine Naturgewalt hat dort das Übergewicht, sondern es herrscht ein Gleichgewicht aller Kräfte. Deshalb gedeihen die Pflanzen dort so gut und sind so edel. Jene Gegenden Asiens, die zwischen der Wärme und der Kälte liegen, sind die fruchtbarsten. Sie haben die schönsten Bäume und das beste Klima wie auch die schönsten Wässer vom Himmel und aus der Erde. Kein Wunder, dass die dort gezüchteten Haustiere am besten gedeihen und sich stark vermehren und schönsten Nachwuchs haben. Die Menschen dort sind wohlgenährt, ja es sind die schönsten und größten Menschen, an Aussehen und Größe und wenig voneinander verschieden. Es leuchtet ein, dass dieses Land in seiner Natur und in dem rechten Mittelmaß seiner Jahreszeiten dem Frühling am nächsten kommt. Dagegen können Eigenschaften wie Tapferkeit, Standhaftigkeit gegenüber Ungemach, Straffheit und Mut in einer solchen Natur nicht aufkommen, weder bei den Eingeborenen noch bei Fremden. Vielmehr muss das Genießen ihren Lebensinhalt bilden.

Also: Daran, dass die Asiaten unkriegerischer sind als die Europäer und ein sanfteres Wesen haben, sind vor allem die Jahreszeiten schuld, die keinen großen Wechsel mit sich bringen, was Wärme und Kälte betrifft, sondern einander ganz ähnlich sind. Denn da erfolgen keine starken Erschütterungen des Denkens und keine empfindliche Veränderung des Körpers, wodurch der Charakter des Körpers verwildert und ein trotziges und mutiges Wesen annimmt – im Gegensatz zu Menschen, die immer in denselben Zuständen leben. Die Wandlungen aller Verhältnisse sind es, die das Denken der Menschen aufregen und sie nicht zur Ruhe kommen lassen.

Ein zweiter Grund kommt hinzu: Der größte Teil von Asien wird von Königen regiert. Wo aber die Menschen nicht Herr über sich selbst sind und nicht über ihre Gesetze selbst bestimmen, sondern von Herren geknechtet werden, da sorgen sie sich nicht darum, wie sie sich in den Waffen üben, sondern darum, dass sie möglichst keinen kriegerischen Eindruck machen. Warum sollten sie tüchtige und tapfere Taten vollbringen, die nur ihren Herrn nützen, ihnen selbst aber nur Gefahr und Tod bringen?

In Europa ist das Volk unter sich durchaus verschieden, was die Größe und die Gestalt der Menschen betrifft. Die Ursache hiervon liegt in den großen und häufigen Wandlungen der Jahreszeiten: starke Hitze, strenge Winter, viele Regengüsse und dann wieder langwährende Dürre und Winde. Daraus folgen viele und vielerlei Wandlungen der Atmosphäre. Und es bilden sich die unterschiedlichsten Menschencharaktere. Starke Erschütterungen des Gemüts erzeugen Wildheit. Daher halte ich die Europäer für mutiger als die Asiaten. Um es noch einmal zu sagen: In einer ewigen eintönigen Einförmigkeit entstehen Leichtfertigkeit und Arbeitsscheu. In einem Land voll starker und sich oft wiederholender Wechsel dagegen entwickelt sich Stählung an Körper und Geist. Aus träger Ruhe und Gleichgültigkeit wird Feigheit, aus Abhärtung und dem Ertragen von Mühsal aber Tapferkeit.

Aber nicht alle Europäer sind nun tapfer, weil sie Europäer sind. Unter den einzelnen Völkern gibt es riesige Unterschiede – je nach Klima, dem Wetter, der Beschaffenheit ihrer Heimat. Bei den Völkern in gebirgigem Land, das rau, hoch gelegen und wasserreich ist, wo also stärkste jahreszeitliche Unterschiede spürbar werden, findet man offenbar hoch gewachsene Menschen, die Strapazen sehr wohl ertragen können und sehr tapfer sind. Solche Naturen besitzen ein wildes, ja raubtierartiges Wesen. Dagegen haben jene, die abgeschlossene, wiesenreiche, stickige Täler bewohnen und mehr warme als kalte Winde zu spüren bekommen sowie warmes Wasser genießen, keine große Gestalt. Sie sind eher in die Breite gewachsen, fleischig, schwarzhaarig. Ihre Hautfarbe ist mehr braun als weiß. Sie sind weniger schleimsüchtig als gallsüchtig. Tapferkeit und Abhärtung entspricht nicht ihrer Natur, wohl aber kann sich beides finden, wenn sie entsprechend gefordert werden.

Die Menschen nun, die ein hoch gelegenes, ebenes, windiges, wohl bewässertes Land bewohnen, sind groß von Gestalt und untereinander sehr ähnlich. Ihr Sinn ist eher friedlich und nicht unbedingt kriegerisch.

Die aber ein mageres, wasserarmes, baum- und strauchloses Land besitzen, in dem die Wandlungen der Jahreszeiten nicht wohl gemischt sind, wachsen hager und straff heran. Ihr Haar ist eher blond als schwarz. Charakter und Gemütsart sind selbstbewusst und eigenwillig.

So groß also sind die Unterschiede der menschlichen Natur – abhängig vom Land und von den Gewässern. Alles, was in einem Land wächst – dazu gehört auch der Mensch –, steht im Einklang mit der Natur des Landes.«

Man kann es sich heute kaum mehr vorstellen, wie ungeheuerlich sich solche Feststellungen vor fast zweieinhalb Jahrtausenden angehört haben müssen, wie revolutionär ein solches Denken gewesen ist.

Wer ganz ehrlich ist, wird zugleich zugeben müssen, dass selbst die modernste Medizin von diesem Hippokrates noch lernen und sich immer wieder an ihm orientieren kann. Mit Recht wird er als Vater der Medizin verehrt, die er selbst als erste und wichtigste Wissenschaft bezeichnete.

Hippokrates leitete die große Wende im Verständnis von Gesundheit und Krankheit ein. Bis dahin war das eine ein Geschenk der Götter, das andere ihre Strafe – eine Vorstellung, die sich weithin bis in unsere Tage gehalten hat. Voraussetzung für die Heilung war entsprechend die Aussöhnung mit den Göttern, das Zurückfinden auf den rechten Weg. Der Arzt war immer zugleich – und in erster Linie – Seelsorger, Priester.

Hippokrates sagt nun – und das ist vollkommen neu: Das ist zwar richtig, aber längst nicht alles. Es genügt nicht, um die Gesundheit zu beten, durch große Opfer die Götter gnädig zu stimmen und alles andere ihnen zu überlassen. Der Mensch muss seinen Verstand benützen, die Welt beobachten, in der er lebt, die Natur ergründen, um in ihr und durch sie den Willen der Götter zu erfahren und zur Harmonie zu finden. Denn jedes Leiden hat eine ganz natürliche Ursache. Sie kann man ausschalten. Der Arzt muss die Zusammenhänge ausfindig machen, dann kann er heilen. Denn der Mensch ist nichts anderes als die Pflanze und das Tier: ein Produkt der Natur, in der er lebt.

Hippokrates begann, nach den Ursachen zu forschen: »Ein Arzt muss sagen können, was vorher war«, den Grund einer Veränderung herausfinden. Er forderte seine Schüler auf, genaue Diagnosen zu stellen: »Der Arzt soll erkennen, was gegenwärtig vorliegt.«

40

Dazu gab er selbst eine Fülle wertvollster Hinweise aufgrund eigener Beobachtungen. Hippokrates genügte es nicht, den Puls zu fühlen, einen Blick in den Mund des Patienten zu werfen und nach Fieber zu fahnden. Es ist geradezu unfassbar, was er selbst vermochte und von einem Arzt seiner Zeit verlangte. Da wurde, um nur einige Beispiele zu nennen, dem Kranken Blut abgenommen, damit aufgrund seiner Farbe, seiner Flüssigkeit und seines typischen Geruchs die Diagnose gestellt werden konnte. Dasselbe machte der Arzt mit dem Urin. Hippokrates gibt in einer umfangreichen Schrift einige hundert Hinweise auf Krankheitsanzeichen. Sie reichen von der Deutung eingefallener Schläfen, von Hautveränderungen, von der typischen Lage des Patienten im Bett, über kalte Füße, Krämpfe und Kopfschmerzen bis hin zum Schüttelfrost, zu Erbrechen und Nasenbluten.

Hippokrates wusste schon, was es bedeutet, wenn bei einem Patienten eine hart verspannte Bauchdecke vorgefunden wurde. Er kannte Blinddarmentzündungen und wusste sie von anderen Bauchschmerzen zu unterscheiden.

Es geht nicht darum, ob seine Diagnosen richtig oder falsch waren. Wichtig allein ist, dass einer angefangen hat, logisch und wissenschaftlich exakt über Krankheiten nachzudenken und nach den geeigneten Heilmitteln zu suchen.

Bei der Denkweise seiner Zeit gehörte sicherlich einiges dazu, klimatische Verhältnisse und bestimmte Lebensweisen wie etwa das pausenlose Reiten als Ursachen für Impotenz und Kinderlosigkeit zu erkennen; festzustellen, dass Landschaft, Natur, Wetter und Wasser nicht nur die Gestalt des Menschen formen, sondern auch dessen Charakter, sein Temperament zu »färben« vermögen; dass aber auch soziale Belastungen zur Krankheitsursache werden können.

Wenn er übrigens von Europäern und Asiaten sprach, dann dachte er nicht an Germanen und an Chinesen, sondern an die Bewohner rund um das Mittelmeer, wobei er das Schwarze Meer als Grenze zwischen Europa und Asien sah.

Wie exakt Hippokrates beobachtete, zeigt die Schilderung eines recht merkwürdigen Brauchs zu seiner Zeit. Da gibt es, schreibt er, ein Volk, das einen langen Kopf für besonders edel hält. Sobald ein Kind geboren ist, formen Eltern und Geburtshelfer seinen Schädel, der noch weich ist, mit den Händen und zwingen ihn, indem sie Binden und geeignete Geräte anwenden, statt schön rund nur nach oben zu wachsen. Wer den längsten Kopf hat, gilt als der Edelste. Inzwischen, so fährt Hippokrates fort, ist der Brauch schon überflüssig geworden, denn die verschobene Kopfform wurde bei diesem Volk zur Natur. Die Eltern bekommen, ohne dass sie etwas tun müssten, Kinder mit spitzen, hohen Köpfen, so wie Blauäugige eben blauäugige Kinder kriegen, Glatzköpfige von Glatzköpfigen abstammen, Schielende von Schielenden. Erstes Kapitel zur Vererbungslehre!

Es gibt, obwohl die meisten Schriften des Hippokrates in der Bibliothek von Alexandrien verbrannt sind, von ihm eine ganze Reihe geflügelter Worte, die zum Allgemeingut der Menschheit geworden sind. Zum Beispiel der Satz: »Das beste Mittel ist in vielen Fällen, kein Mittel zu verordnen!« Womit Hippokrates schon zu seiner Zeit gegen überflüssige Rezept-Verschreibungen angehen musste. Oder seine Regel einer gesunden Lebensdiät: »Sei mäßig im Schlafen, Trinken und Essen, in der Arbeit – und im Gebrauch deines Weibes!« Womit er vor Übertreibungen in jeder Hinsicht warnte.

Oder der wunderbare Hinweis auf die intelligente Heilkraft der Natur: »Die Natur findet von selbst ihren Weg. Sie braucht nicht zu überlegen. Sie hat auch keine Anweisung erhalten – und weiß doch das Nötige zu tun.«

Entsprechend die Definition für Medizin: »Die Medizin ist die Kunst, die heilsamen Verfahren der Natur nachzuahmen.« Und schließlich die Pflicht des Patienten, bei der Heilung mitzuwirken: »Das Leben ist kurz, die Kunst ist lang, die Gelegenheit ist flüchtig, die Erfahrung trügerisch, das Urteil schwierig. Es genügt nicht, dass der Arzt alles tut, was angebracht ist. Auch der Kranke selbst und seine Umgebung müssen zum gleichen Ziel streben.«

Hippokrates dürfte auch der Erste gewesen sein, der von »heilsamen Krankheiten« sprach, der also nicht in jeder Erkrankung eine Katastrophe sah, sondern den Patienten klar zu machen versuchte, dass eine heftige Auseinandersetzung zwischen Körper und Krankheit immer besser ist als ein schleichendes Übel oder gar die Unfähigkeit des Körpers, sich aufzubäumen. Er wusste aber auch schon, dass ein Mensch, der eine Krankheit überstanden hat, in sich gefestigter und somit gesünder und stabiler sein kann als einer, der scheinbar immer gesund ist.

Deshalb legte er vor 2400 Jahren schon großen Wert darauf, dass man eine Heilung möglichst den Körper selbst vollbringen lässt und so wenig wie möglich eingreift und nachhilft.

Man hat immer wieder versucht, die Leistungen des Hippokrates abzuwerten, indem man darauf hinwies: Die zahllosen Rezepte, die er empfiehlt, die stammen ja gar nicht von ihm. Er hat sie doch nur gesammelt, von den alten Ägyptern übernommen. Das dürfte sogar weithin stimmen. Er, der griechische Ärztevater, hat es wohl genauso gemacht wie 2000 Jahre später Paracelsus und Nostradamus, die sich vieles von Hippokrates angeeignet haben, um es als eigene Rezepte zu verkaufen.

Mit einem gewissen Recht: Kein bedeutender Arzt hat jemals unbesehen und ungeprüft das Überkommene einfach weiterempfohlen. Hippokrates hat den Weizen von der Spreu getrennt, so dass er bei seinen Empfehlungen tatsächlich von ›seinen‹ Rezepten sprechen durfte.

Die erste und wichtigste Regel für alle Anwendungen überhaupt lautete bei Hippokrates: »Eure Nahrungsmittel sollen Heilmittel und eure Heilmittel sollen Nahrungsmittel sein.«

Spargel gegen Leber- und Nierenleiden

So darf es nicht verwundern, dass Hippokrates in der Regel keine komplizierten und absonderlichen Rezepte anzubieten hat, sondern immer zuerst versucht, die Essgewohnheiten zu kultivieren und besonders heilsame Speisen auf den Tisch zu bringen.

Beispielsweise Spargel. Wer gerne Spargel isst, der weiß, warum: Nach Spargelgenuss bekommt der Urin einen ganz typischen, etwas fauligen Geruch. Das war für Hippokrates, den Arzt, der mit seinem Geruchssinn die trefflichsten Diagnosen zu erstellen wusste, der Beweis dafür, dass Spargel wie kaum ein anderes Mittel den Körper reinigt, Giftstoffe und Schlacken wegschafft.

Da Spargel zudem eine leckere Speise ist, empfahl er ihn als Kur im Frühjahr. Acht Tage lang, so meinte er, sollte jede Mahlzeit Spargel enthalten. Damit könnten die Gesunden ihren Körper auffrischen, die Leber und die Nieren »öffnen«. Spargel verordnete er aber vor allem gegen die Gelbsucht und gegen »Hüftweh«.

Die Spargelwurzel hielt er für noch wirksamer als die Spargeltriebe, die man zu den Speisen verwendet. Leberkranken empfahl er deshalb den Tee aus Spargelwurzeln:

> *»Zwei volle Teelöffel Spargelwurzeln werden mit einem Viertelliter kaltem Wasser übergossen und kurz gekocht. Man trinkt von diesem Tee täglich etwa zwei Tassen.«*

Dieser Spargelwurzeltee wird heute in der Volksmedizin auch bei Harnzwang, Harnverhalten, Nierenleiden, Herzklopfen, rheumatischen Erkrankungen und Gicht angewendet. Spargel gilt auch als besonders heilsame Speise für Diabetiker, da er praktisch kaum Kohlenhydrate enthält.

Ab und zu kann einer allerdings den Spargel überhaupt nicht vertragen: Er reagiert auf ihn so allergisch, dass schon die leichteste Berührung von Spargel bei ihm einen Hautausschlag auslöst, die so genannte »Spargelkrätze«. Der Betroffene muss leider auf dieses ebenso gesunde wie schmackhafte Gemüse verzichten.

Weidenrinde – das natürliche Aspirin

Wenn wir heute auf die größten Errungenschaften der Arzneimittelherstellung wie z. B. Antibiotika oder das »Allheilmittel« Salizylsäure (in Aspirin enthalten) so stolz sind, müssen wir immer sofort zugeben: Das ist alles nur ein alter Hut, im Grunde fast beschämend, dass wir nicht früher darauf gekommen sind. Denn: Vor 2000, vielleicht sogar 3000 Jahren war das alles schon bekannt. Nicht in der gereinigten, chemischen Form, wohl aber in vielleicht sogar besser dosierten und bekömmlicheren Naturheilmitteln. Die Ärzte wie Hippokrates verwendeten bei schweren Infektionen bereits bestimmte Schimmelpilze, das natürliche Penicillin. Und sie kannten auch das natürliche Kopfschmerz-, Rheuma-, Fiebermittel Aspirin: Weidenrinde. Wo immer ein Patient hohes Fieber hatte, das nicht weichen wollte, gab Hippokrates ihm Weidenrindentee.

Man sammelt im Frühjahr, sobald sie richtig im Saft stehen, mittelstarke Weidenäste und löst ihre Rinde ab. Sie lässt sich leicht schälen. Diese Rinde wird im Schatten getrocknet, zerkleinert und in dunklen Gläsern aufbewahrt.

Den Weidenrindentee bereitet man bei Bedarf dann folgendermaßen zu:

> *»Ein gehäufter Teelöffel Weidenrinde wird in einen Viertelliter kaltes Wasser gegeben. Dieses bringt man langsam zum Kochen, nimmt es vom Feuer und lässt den Tee etwa fünf Minuten lang ziehen. Danach wird er abgeseiht und getrunken. Täglich zwei Tassen befreien von Schmerzen und senken das Fieber.«*

Hippokrates empfahl auch:

> *»Wenn jemand im Sommer ein geschwindes hitzi-*
> *ges Fieber bekommt, soll man sein Kranken-*
> *zimmer mit Weidenblättern bestreuen. Sie tempe-*
> *rieren die äußerliche Hitze und tun dem Kranken*
> *wohl.«*

Und:

> *»Wenn man im Frühjahr zur Blütezeit einen*
> *Weidenast mit einem Messer leicht einritzt, fließt*
> *ein Saft heraus, der als Wundheilmittel besonders*
> *wirksam ist. Man sammelt ihn in Fläschchen und*
> *bewahrt ihn auf, bis er gebraucht wird. Er ist von*
> *sehr subtiler Substanz.«*

Soviel ist sicher und heute wissenschaftlich nachgewiesen: Die Weide enthält tatsächlich die Salizylsäure, den Wirkstoff des Aspirins. Der Apotheker M. Pahlow schreibt in seinem »Großen Buch der Heilpflanzen« dazu: »Seit man das Aspirin und die reine Salizylsäure synthetisch herstellen kann, spielt die Weidenrinde als Fieber- und Rheumamittel keine große Rolle mehr. Die schweißtreibende, schmerzlindernde und entwässernde Wirkung sind zwar unbestritten, doch nur noch selten wird die Droge in Teemischung gebraucht. Schade, denn vielleicht kann man mit Weidenrinde bei den Erkrankungen, gegen die noch kein Heilmittel gefunden wurde, ich meine speziell das Rheuma, mehr erreichen, als man glaubt.«

Tausendguldenkraut – der uralte »Magenbitter«

Bei den alten Römern hieß die Pflanze Erdgalle, weil sie bitter wie Galle schmeckt. Im Mittelalter steigerte man in unserer Heimat aus lauter Wertschätzung der Heilpflanze ihren Namen in astronomische Ziffern: Aus dem ursprünglichen Hundertguldenkraut (Hundert Gulden – so viel ist ein Sack voll dieses Krautes wert!) wurde das Tausendguldenkraut, das Dreitausendguldenkraut, das Hunderttausendguldenkraut und schließlich in manchen Gegenden sogar das Millionenguldenkraut.

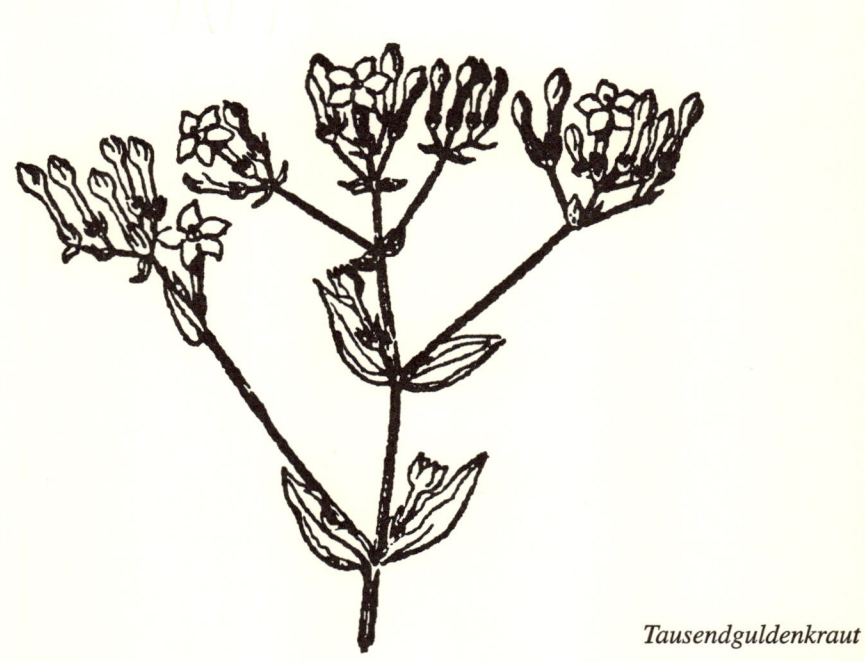

Tausendguldenkraut

Hippokrates schätzte diese Heilpflanze besonders, die griechisch Kentaurion heißt, weil der Sage nach der Kentaur Chiron damit seine vereiterten Wunden heilte.

Eine Arznei muss bitter schmecken, sonst nützt sie nichts. Das galt auch schon vor 2400 Jahren: Bitter ist gut für Magen und Verdauung. Hippokrates empfahl den Tausendguldenkraut-»Magenbitter«.

> *»Man pflückt das Tausendguldenkraut, wenn es blüht. Die Wurzeln werden nicht verwendet, nur die Blüten, Blätter und der Stiel. Sie werden klein zerhackt. Man nimmt davon etwa eine Handvoll. Darunter mischt man nicht ganz so viel Kamillenblüten. Das gibt man in eine Flasche, die dann mit gutem Wein gefüllt wird. Man fügt noch etwas Zitronen- oder Orangensaft hinzu, verschließt die Flasche und legt sie wenigstens 14 Tage lang, besser drei Wochen, an die Sonne. Danach seiht man den Wein ab. Man trinkt davon je nach Lust vor oder nach dem Essen ein Schnapsglas voll. Das ist gut für Magen und Galle.«*

Dieser »Magenbitter« ist zugleich ein uraltes Volksheilmittel gegen Blutarmut, Leber- und Augenleiden.

Will man aus Tausendguldenkraut einen Tee zubereiten, gibt man am besten Johanniskraut bei:

> *»Man nimmt einen gestrichenen Teelöffel Johanniskraut und Tausendguldenkraut (zu gleichen Teilen) und übergießt ihn mit einer Tasse kaltem Wasser. Das lässt man gut einen halben Tag lang stehen (gelegentlich etwas umrühren). Dann seiht man ab und erwärmt das Wasser auf*

Trinktemperatur. Nicht kochen! Zum Trinken gibt man vielleicht etwas Honig bei, damit es nicht zu bitter schmeckt.«

Bockshornklee – für eine schöne Haut

Griechisch Heu nannte man früher dieses Heilkraut, das im Mittelmeerraum wild wächst, von Karl dem Großen in unsere Heimat gebracht und vor allem im Alpenraum angepflanzt wurde. Die Chinesen sollen seine Heilkraft vor 5000 Jahren schon geschätzt haben. Den Ägyptern war es als Mittel zur Behandlung von Brandwunden bekannt.

Bockshornklee

Hippokrates hat Bockshornklee als Mittel zur Reinigung und Heilung der Haut empfohlen. Er wußte sehr wohl, wie wichtig es ist, nicht nur für das Selbstwertgefühl, sondern für die Gesundheit ganz allgemein, eine saubere, frische, gut durchblutete Haut zu besitzen. Deshalb riet er, aus dem Samen des Bockshornklees einen Brei zu machen, wie er heute noch üblich ist:

>>*Zermahlener Bockshornklee wird mit wenig*
Wasser zu einem Brei verkocht. Diesen streicht
man möglichst dick auf ein Tuch, das noch warm
auf die Haut gelegt wird.<<

Den Bockshornkleesamen bekommt man heute gemahlen in Apotheken und Drogerien. Der Brei eignet sich zur Heilung von Hautgeschwüren, Furunkeln und Entzündungen aller Art. Auch leistet er hervorragende Dienste bei den so genannten offenen Beinen, also bei Unterschenkelgeschwüren, und bei Nagelbettentzündungen.

Will man den Bockshornkleebrei nur zur Schönheitspflege verwenden, kann man statt des Wassers Rosenöl beigeben. Dann wird der Brei allerdings nicht gekocht, sondern nur auf das eben erträgliche Maß erwärmt. Nicht zu heiß machen! Man braucht dann auch keinen Leinenlappen, auf den man den Brei aufträgt, sondern man verwendet ihn in der Art einer Gesichtsmaske: schön warm direkt und nicht zu dick auf die Haut auftragen, warten, bis er angetrocknet ist, und mit lauwarmem Wasser abspülen.

Bockshornkleesamen mit Olivenöl angerührt haben die Griechen und Römer als Haarwuchsmittel verwendet: Der Brei wird kräftig in die Kopfhaut eingerieben und nach ein paar Minuten mit warmem Wasser wieder ausgespült.

Die Heilpflanze war nicht zuletzt vor 2400 Jahren das eigentliche Mittel gegen Hämorriden. Und zwar empfahl Hippokrates sowohl die äußerliche wie die innere Anwendung: äußerlich mit dem beschriebenen Brei, innerlich in Form von Tee:

»Man nimmt etwa zwei Teelöffel des zermahlenen Bockshornkleesamens und übergießt ihn mit einer Tasse kaltem Wasser. Das lässt man einige Stunden stehen. Danach wird es ganz kurz aufgekocht, sogleich abgeseiht, mit etwas Honig gesüßt und schluckweise getrunken. Man darf täglich zwei, drei Tassen davon trinken.«

Dieser Tee soll ganz allgemein kräftigen, schleimlösend und gefäßstraffend wirken. Deshalb wird er auch als Hand- und Fußbad bei übermäßiger Schweißentwicklung empfohlen.

Der Bockshornklee war lange Zeit als Heilpflanze vergessen. Erst Pfarrer Sebastian Kneipp hat ihn wiederentdeckt und hoch gelobt: »Das griechische Gras ist das beste von allen mir bekannten Mitteln zum Auflösen von Geschwülsten und Geschwüren.« Wobei er wohl nicht an bösartige Geschwülste, sondern an gutartige Hautverhärtungen dachte. Den Tee rühmte er als besonders gutes Gurgelwasser bei Halsleiden.

Veilchen – der Nervenbalsam

Es liegt auf der Hand, dass ein so rastlos Suchender nach dem Heilsamen, wie Hippokrates es offenbar gewesen ist, nicht unberührt am betörenden Duft des Veilchens vorbeigekommen ist. Ja, er muss sich von ihm wohl besonders stark angezogen gefühlt haben, womit sich dem naturverbundenen Arzt natürlich sofort die Frage stellte: Welcher Segen geht von diesem seltenen Wohlgeruch aus? Welches Heilgeschenk bietet uns die Natur mit ihm an?

Er fand eine Antwort: Vom Veilchenduft geht eine stark wirksame, beruhigende Kraft aus. Hippokrates, so berichtet einer seiner Schüler, ließ Veilchen in die Krankenzimmer stellen und empfahl vor allem jungen Menschen als Schlaf- und Beruhigungsmittel: »Atmen Sie vor dem Zubettgehen den Duft von blühenden Veilchen ein.« Nostradamus hat später dieses Rezept ebenso wiederentdeckt wie Pfarrer Sebastian Kneipp, der über das Veilchen sagte: »Erfreue dich an dem Wohlduft und dem herrlichen Blau manches schönen Veilchensträußchens! Verwahre aber auch einen kleineren Vorrat des Heilkräutchens in deiner Hausapotheke, dass es dem Kranken dufte noch zu einer Zeit, in der das Frühlingsblümchen längst verblüht ist.«

In früheren Jahrhunderten, so könnte man es sagen, war das Veilchen in der Volksheilkunst etwa das, was heute die Ginsengwurzel weithin ist: Nervenkräftigungsmittel, Balsam für innere Unruhe, »Hitzigkeit«, Zerfahrenheit. Es wurde nicht nur seiner Schönheit und seines Duftes wegen angepflanzt – besonders rund um Zwiebel- und Knoblauchbeete, um deren Duft zu überlagern –, sondern man sammelte Blüten und Blätter im Frühjahr, im Herbst die Wurzeln, um daraus Hustentee und Tee gegen Krampfanfälle zu bereiten, um Veilchenöl und Veilchenessig und schließlich Veilchensirup herzustellen.

Für den Veilchenblütentee gibt Hippokrates den Rat, man dürfe nur die violetten Blütenblättchen verwenden, nicht die »grünen Täschchen«, aus denen sie herauswachsen, weil diese dem Tee einen unangenehmen Geschmack verleihen. Man muss die Blütenblätter also herauszupfen. Blüten und Blätter werden im Schatten getrocknet. Beim Zubereiten des Tees werden sie nicht überbrüht, sondern mit kaltem Wasser übergossen, das dann erhitzt wird. Nach dem kurzen Kochen muss der Tee etwa 5 Minuten lang ziehen.

Die Wurzeln reinigt man nach dem Ausgraben und hängt sie zum Trocknen auf. Dann werden sie zerkleinert und in verschlossenen Dosen aufbewahrt.

Das Veilchenöl hat Hippokrates so hergestellt:

>*Man nimmt ein gutes Olivenöl und bringt es zum Kochen. In das kochende Öl wirft man eine Handvoll Veilchenblüten. Nicht weiterkochen, sondern gleich abkühlen lassen, dann in Flaschen abfüllen.*«

Der Veilchenessig wird auf dieselbe Weise hergestellt, nur nimmt man statt des Öls einen guten Weinessig. Beide, Veilchenöl und Veilchenessig, benützt man zum Einreiben bei Kopfschmerzen oder als Umschläge bei Gliederschmerzen.

Das Rezept für Veilchensirup:

> *»Man nimmt frischgepflückte Veilchenblüten. Sie werden etwas zerstampft und gepresst, schließlich mit nicht zu viel kochendem Wasser übergossen. Das lässt man über Nacht stehen. Dann seiht man die Blüten ab und presst sie etwas aus, erhitzt den gewonnenen Saft bis zum Kochen und gießt ihn erneut über inzwischen frisch gepflückte Veilchenblüten. Das bleibt wieder über Nacht stehen und wird danach wieder abgeseiht. Man kann diesen Vorgang noch ein-, zweimal wiederholen. Zuletzt wird der Saft wieder zum Kochen gebracht. Nach der Abkühlung gibt man so viel Honig bei, dass ein sirupartiger Brei entsteht.«*

Dieser Veilchensirup, in kleinsten Mengen eingenommen (ein Teelöffel vor dem Schlafengehen), ist ein vorzügliches Beruhigungs- und Schlafmittel, das man unbedenklich auch kleineren Kindern geben kann. Sie nehmen diese »Medizin« gerne, weil sie gut schmeckt.

»Heilkräuter sind die Hände der Götter.« Hippokrates hat uns diesen Satz hinterlassen. Es ist vielleicht das Schönste, was jemals über Pflanzen gesagt wurde. Wir sollten uns nicht scheuen, diese Hände zu ergreifen und festzuhalten, damit wir nicht länger straucheln, schwanken, ziellos leben. Doch gälte es wohl, beim Umgang mit jedem scheinbar noch so unbedeutenden Kraut eine gewisse Ehrfurcht zu bewahren: Diese »Hände« werden uns aus der Ewigkeit her entgegengestreckt! Sie sind heilig! So haben es alle empfunden, die in der Natur ihren Heil- und Lehrmeister sahen.

Es ist schon darauf hingewiesen worden: Die Natur bestand bei Hippokrates aber nicht nur in dem, was lebt. Er hat alles miteinbezogen – nicht zuletzt das Wasser.

In diesem Zusammenhang hat er ein paar Hinweise gegeben, die zum Schluss kurz erwähnt sein sollen: Hippokrates unterschied vier verschiedene Wasserarten – und knüpfte daran seine Folgerungen für die Gesundheit.

● Am ungesündesten sind stehende Gewässer, weil sie schutzlos der Witterung und vielen anderen Einflüssen ausgeliefert sind. Menschen, die Wasser aus Seen und Tümpeln trinken, sind seiner Meinung nach am häufigsten Verschleimungen und Heiserkeit ausgesetzt und haben am meisten unter Milzerkrankungen und Wassersucht zu leiden. Hippokrates glaubt auch zu wissen, dass sie schneller als andere altern.

● Quellen aus Felsen und aus Boden, der viel Eisen, Kupfer, Gold, Schwefel oder Natron enthält oder das Wasser warm hervorsprudeln lässt, hält er ebenfalls für wenig heilsam. Das Wasser ist seiner Meinung nach für den dauernden Gebrauch zu schwer.

● Besser sind Wässer, die aus hoch liegenden Gegenden und von erdigen Hügeln fließen. »Sie sind süß und klar.« Im Winter sind sie, weil sie aus der Tiefe der Berge kommen, relativ warm, im Sommer kühl.

● »Am meisten aber lobe ich Wässer, deren Quellen nach Osten hin hervorsprudeln. Sie sind besonders klar, wohlduftend und leicht.«

● Alle Wässer, die salzig, schwer verdaulich und hart sind, meint er, taugen nicht als Trinkwasser – allenfalls als Heilwasser bei bestimmten Krankheiten.

Das bedeutete nun für Hippokrates:

»Wer kerngesund ist, der kann jedes Wasser trinken. Wer aber wegen einer Krankheit das Heilsamste trinken will, der muss folgendermaßen vorgehen:

– Wer etwas verkrampft ist, zu Verkrampfungen neigt oder auch zu hartem Stuhlgang, der muss das süßeste und leichteste Wasser trinken.

– Wer etwas aufgeschwemmt ist, der braucht möglichst hartes, etwas salziges Wasser. Es strafft und trocknet etwas aus.

– Regenwasser ist sicher das beste. Es soll aber immer abgekocht werden. Man wird auch leicht heiser davon.

Die Wässer, die aus Schnee und Eis herrühren, sind alle schlecht. Leute, die es trinken, neigen vor allem zu Steinleiden und Nierenkrankheiten und Ischias.«

Gedanken, über die man heute in den Tagen des »sauren Regens« und der offenbar damit verbundenen Erkrankungen der Atemwege getrost einmal nachdenken sollte!

*»Wer behauptet, unser Denken werde von Lust und
Schmerz verdreht, insofern die Lust lockt und
anzieht, der Schmerz aber unangenehm und
abstoßend wirkt, ist ein großer Dummkopf. Hätten
wir keine Kraft in uns, die mehr zur Tugend als zur
Lust geneigt macht, eine Kraft, die stärker ist als die
Neigung zur Lust, wären wir ja alle von Natur aus
schlecht.*
*Woher kommt aber dann das ›Schwache‹ in uns?
Die Tugenden liegen in uns. Doch die Kräfte der
Seele müssen der Natur des Blutes folgen. Der
Körper vermag, ohne selbst krank zu sein, die
Eigenschaften der Seele beträchtlich zu verändern
… Darum sollen jene sich auf den Verstand besin-
nen, die starrsinnig nicht wahrhaben wollen, dass
die Nahrung manche zurückhaltender machen kann,
manche gieriger und ungehemmter, manche mehr
selbstbeherrscht und manche liederlicher, manche
mutiger und manche feiger, manche ruhiger und
friedfertiger und manche hartnäckiger und
rechthaberischer …«*

Galenos (129–199)

»Heilkunst – ist Lebenskunst!«

Frühjahr 165

»Holt den Griechen!« Marcus Civica Barbarus, der Onkel des
Kaisers Marc Aurel, gibt seinem Sklaven Paulinus den Befehl. Der
zögert keine Sekunde und eilt davon. Er weiß auch wohin. In Rom

gibt es viele tausend Griechen: Philosophen, Mathematiker, Rhetoriker, Mediziner. Eine erlesene Schicht hochgebildeter Menschen. Die Elite der Wissenschaft der Welt schlechthin.

Daneben besitzt jeder wohlhabende Römer wenigstens einen griechischen Lehrer zur Erziehung seiner Kinder oder auch einfach einen Sklaven aus Griechenland. Die Macht, die Herrschaft, haben die Römer an sich gerissen. Das Wissen, die Bildung, besitzen die Griechen.

Trotzdem: Wenn in der vornehmen römischen Gesellschaft oder gar in der Kaiserfamilie vom »Griechen« gesprochen wird, einfach so, ohne jeden weiteren Zusatz, ohne Name und Titel, als gäbe es nur einen einzigen in Rom – dann kann nur einer gemeint sein: der Wunderarzt aus Pergamon in Kleinasien, Galenos.

Seit drei Jahren erst ist der »Grieche« in der Stadt. Doch was hat er in der kurzen Zeit nicht alles geleistet! Für ihn scheint es kaum ein Leiden zu geben, das er nicht heilen könnte. Selbst der Geistesgestörten nimmt er sich an. Er lässt sie nicht mehr in abgelegene Räume einsperren. Er behandelt sie – mit seinen Wundersalben, mit Mixturen und Teesorten – gerade so, als könnte man Geist und Seele ernähren, wie man den Körper ernährt, als ließen sie sich einreiben wie ein krankes Gelenk oder ein eitriger Finger!

Alle jene alteingesessenen Ärzte, die ursprünglich so laut, so spöttisch und gelegentlich auch bösartig über den »Emporkömmling« gelacht haben, sind längst verstummt. Mag dieser Galenos auch noch so geckenhaft gekleidet daherkommen und noch so selbstgefällige Reden führen: Die Kranken wissen, an wen sie sich wenden müssen.

Marcus Civica Barbarus hat nach ihm geschickt, weil seine Schwester Claudia mit hohem Fieber im Bett liegt und phantasiert. Claudia ist 32 Jahre alt und noch unverheiratet, eine sehr fromme und tugendhafte Frau. Im Fieberwahn flüstert sie immer wieder einen Namen: Pylades!

Ein junger Mann, ein umschwärmter Tänzer, heißt so. Rom liegt ihm seit Wochen zu Füßen. Die Frauen vergöttern ihn. Doch er

58

Galenos
(Stich aus der
Renaissance)

selbst macht kein Hehl daraus, dass er die Frauen überhaupt nicht attraktiv findet. Er fühlt sich eher zu jungen Männern hingezogen.

Vor wenigen Tagen ist dieser Pylades nach seinem Auftritt im Theater der kaiserlichen Familie vorgestellt worden. Als er Claudia die Hand reichte, ist plötzlich alle Farbe aus ihrem Gesicht gewichen. Sie verdrehte die Augen und fiel in Ohnmacht. Seitdem ist sie krank. Und das Leiden nimmt immer bedrohlichere Formen an.

»Der Tänzer hat sie verhext«, behaupten manche. Wie anders sonst sollte man sich die jähe Erkrankung erklären?

»Vielleicht hat Pylades sie vergiftet«, meinen andere, obwohl ihnen klar sein muss, dass man mit einem Handschlag, einer kurzen Berührung, nicht vergiften kann.

Jedenfalls muß Pylades um sein Leben bangen. Sollte Claudia nicht wieder gesund werden, hat wohl auch er sein Leben verwirkt.

Galenos tritt an das Bett der Kranken. Er fühlt ihren Puls, legt die Hand auf ihre Stirne, um das Ausmaß des Fiebers festzustellen. Dann lässt er sich Schüsseln mit frischem, kaltem Wasser und Leinentücher bringen. Er legt ein kühles Tuch auf die Stirn seiner hochgeborenen Patientin, lässt kalte Umschläge um ihre Füße wickeln – und macht einen Aderlass.

Das ist äußerst riskant! Darf ein Arzt kaiserliches Blut fließen lassen? Wehe ihm, wenn das schief geht! Galenos zaudert keinen Augenblick. Er gibt Claudia den mitgebrachten Fiebertrank und geht: »Sie wird jetzt ruhig schlafen. Morgen früh sehe ich wieder vorbei.«

Am nächsten Morgen ist Claudia noch schwach, aber fast fieberfrei. Galenos setzt sich an ihr Bett, gibt ihr erneut seine Medizin, bittet alle anderen, das Krankenzimmer zu verlassen, und beginnt, sich mit der Patientin zu unterhalten.

»Seht«, sagt er zu Claudia, »da hat Euch doch Euer Herz einen gar üblen Streich gespielt! Nehmt es mir nicht übel, aber ich muss darüber sprechen: Ein einziger Blick in die feurigen Augen eines jungen Mannes hat Euer Gemüt in Aufruhr versetzt. Ihr habt Euch verliebt. Und weil Ihr von vornherein wusstet, wie aussichtslos und wie unerfüllbar diese Herzensregung ist, seid Ihr vor Schreck und Gram krank geworden. Alles in Euch bäumt sich gegen das grausame Schicksal auf. Es ist Euch ergangen wie seinerzeit dem makedonischen König Perdikkas. Er wäre vor Liebeskummer gestorben, hätte ihn nicht der große Hippokrates geheilt. Glaubt mir: So etwas kann jedem Menschen zustoßen, der ein für die Liebe empfängliches Herz besitzt. Glaubt mir auch: Ihr seid umgehend wieder gesund, wenn Ihr das seelische Gleichgewicht zurückgewinnt und fähig werdet, über den Herzenskummer zu lächeln. Ich will Euch dabei helfen. Ihr müsst mir nur vertrauen.«

Claudia hat dem »Griechen« vertraut und ist sehr schnell gesund geworden. Die Römer aber hatten erneut Gesprächsstoff über ihren unübertroffenen Wunderarzt, den »Magier« unter den Medizinern, den unerreichten Künstler unter den Arzneiherstellern.

Kein anderer Arzt vom Anfang der Geschichte bis in unsere Tage hat so entscheidend und nachhaltig die Heilkunde beeinflusst wie Galenos, der römische »Prominentenarzt« des 2. Jahrhunderts nach Christus. Jahrhundertelang – in manchen Teilen seiner Lehre bis in die Neuzeit – ist sein Wort so etwas wie das Evangelium der Medizin geblieben, und zwar weit über das Abendland hinaus. Auch für die tüchtigen arabischen Ärzte war Galenos unbestrittene Autorität, so dass er vor allem im späten Mittelalter die medizinische Forschung regelrecht blockierte. Niemand wagte es, Galenos zu widersprechen. Und wurde doch einmal ein Widerspruch zwischen seiner Lehre und der Wirklichkeit offenbar, dann war man nicht bereit, Galenos einen Irrtum einzuräumen. Man nahm eher an, die menschliche Natur hätte sich im Laufe der Zeit verändert. Erst Paracelsus ist diesem »Übervater« der Mediziner entgegengetreten. Er nannte ihn einen »Plackenscheißer« und verbrannte öffentlich seine Lehrbücher. Doch diese Ablehnung richtete sich weniger gegen Galenos selbst und seine Einsichten, als vielmehr gegen seine »Jünger«, die unkritisch nur noch Galenos gelten ließen und jeden Fortschritt unter Berufung auf Galenos zu verhindern suchten.

Die bedeutende Stellung des Galenos innerhalb der Medizin ist verständlich: Er hat nicht nur als erster das medizinische Wissen des Altertums zusammengefasst, nicht nur als erster genau beschrieben, wie man Heilstoffe mischt, behandelt, konserviert und welche Dosierungen die wirkungsvollsten sind, sondern er hat aus dem gesammelten Wissen wie keiner vor und keiner nach ihm ein geschlossenes und stimmiges wissenschaftliches System geschaffen.

Heilkunst war seinerzeit noch keine Erfahrungswissenschaft in erster Linie, sondern eher eine Zweigwissenschaft der Philosophie. Einem Genie wie Galenos konnte es nicht genügen zu wissen, welche Heilmittel, welche Substanzen, welche Wirkstoffe aus Pflanzen und Metallen und Mineralien ein Körper braucht, um wieder gesund zu werden. Er wollte herausfinden – und das beschäftigte ihn sein Leben lang: Wie kommt es, dass aus Kraut und Beeren, sobald sie in den Körper gelangt sind, Fleisch und Blut werden? Wer vollbringt diese »Verwandlung« der Substanzen? Woher »weiß« die Kraft, die die Leistung vollbringt, wie es gemacht wird und was für den Einzelnen gut ist? Wann und warum versagt sie, so dass ein Mensch krank wird? Wieso kann eine Speise oder ein Trank die Seele beeinflussen, so dass einer, der zu viel Wein getrunken hat, betrunken wird, zu torkeln beginnt, sein Gedächtnis und seine Denkkraft vorübergehend einbüßt?

Galenos muss sich schon in frühester Jugend mit solchen Fragen befasst haben. Er hatte einen sehr guten und tüchtigen Vater, den Architekten Nikon. Doch zu Hause war unentwegt die Hölle los. »Die Mutter«, so schreibt Galenos, »war so jähzornig, dass sie tatsächlich manchmal die Mägde biss, ständig schrie und mit dem Vater zankte, schlimmer als Xanthippe mit Sokrates.«

Weil er seine Mutter liebte und sehr wohl wusste, dass sie auch ganz anders sein konnte, weil er, kurz gesagt, nicht wahrhaben wollte, dass sie von Natur aus böse ist, fragte er sich, was es mit diesen Anfällen von Jähzorn auf sich hat.

Und er kam sehr bald dahinter: Leib und Seele müssen einander gegenseitig sehr stark beeinflussen. Eine düstere Seele macht den Körper krank, ein fehlgesteuerter Körper verdüstert umgekehrt die Seele, so dass sie sich nicht mehr so äußern kann, wie sie wirklich ist. Seine Schlussfolgerungen daraus: Wer den Menschen als Arzt helfen will, der muss zuerst dafür sorgen, dass sie an Leib und Seele gesund bleiben. Wer sie heilen will, muss das seelische Gleichgewicht ebenso wie das Gleichgewicht der organischen Kräfte wiederherstellen.

Das war Galenos' Vorstellung, die sich so lange gehalten hat: Im Körper gibt es vier »Säfte«, die »humores«: Blut, Schleim, gelbe Galle und schwarze Galle. Gesund ist ein Mensch, solange sich diese vier Säfte im rechten Gleichgewicht befinden, so dass es von keinem zu viel gibt und keiner die anderen merklich beeinträchtigt. Krank wird ein Mensch entsprechend, wenn es diesen vier Säften nicht mehr gelingt, einander in Schach zu halten und das innere Gleichgewicht gestört ist.

Man erinnert sich unwillkürlich an die chinesische Vorstellung von Yin und Yang, den beiden einander entgegengesetzten Energieströmen im Körper, die etwa durch Akupunktur oder Akupressur zur inneren Harmonie zurückgeführt werden können.

Letztlich fußte die »Vier-Säfte-Lehre«, die Galenos nicht erfunden, aber vollendet hat, philosophisch auf den vier »Grundbausteinen« der Natur, den vier Elementen Erde, Wasser, Feuer und Luft – und auf den vier Zustandsformen aller Dinge der Schöpfung: fest, flüssig, kalt und warm. Ein kranker Körper war für Galenos entweder zu feucht oder zu trocken, zu warm oder zu kalt. Entsprechend entgegengesetzt musste die Therapie aussehen: Was zu heiß war, brauchte zum Ausgleich Kälte oder ein kühlendes Medikament, zu große Feuchtigkeit galt es auszutrocknen, Trockenheit anzufeuchten.

Vor diesem Hintergrund entstand beispielsweise der Aderlass. Sobald der Verdacht bestand, zu viel und zu dickes Blut könnte die Ursache der Krankheit sein, wurden dem Patienten nicht gerade geringe Mengen Blut abgenommen. In vielen Fällen, vor allem bei zu dicken Patienten mit einem zu hohen Blutdruck, konnte das durchaus die beste Maßnahme sein. Denn ihr Blut war in den meisten Fällen tatsächlich zu dick, zu sehr überladen mit Giftstoffen. Der Körper wurde nach dem künstlichen Blutverlust außerdem gezwungen, verstärkt neues und gesundes Blut herzustellen. Aus ähnlichen Erwägungen ist man neute manchenorts wieder zum Aderlass zurückgekehrt.

Wenn heute Fieberkranken kalte Umschläge auf die Stirn gelegt oder kalte Fußwickel gemacht werden, ist das ebenfalls noch ein Überbleibsel der alten Medizin-Philosophie. Auch die Bezeichnung Melancholie (= schwarze Galle) für depressive Verstimmungen war im Grunde richtig, wie heute mehr und mehr eingesehen wird. Die so genannten endogenen Depressionen brauchen keinen äußeren Anlass wie etwa einen schweren Schicksalsschlag oder beruflichen Kummer. Die Seele ist gründlich verstimmt, weil der Körper mit einer funktionellen Störung nicht fertig wird.

Man stößt eigentlich bei jeder Aussage darauf: Galenos wollte ursprünglich Philosoph werden. Erst ein Traum seines Vaters, so wird erzählt, hat ihn bewogen, auf Medizin umzusatteln. Doch er ist zeitlebens Philosoph geblieben, der Aristoteles und Platon wohl besser als jeder seiner Zeitgenossen verstand. Philosophie war für ihn die Leitlinie, an der alle Erfahrungen ausgerichtet werden müssen: »Der Arzt hat die Philosophie in allen Teilen zu beherrschen, in der Logik, in der Physik und in der Ethik«, prägte Galenos seinen Schülern ein. Später ist seine Philosophie noch durch die Theologie erweitert worden.

Galenos hatte das Glück – wie übrigens viele der ganz Großen der Medizin –, in jungen Jahren zunächst viel reisen und die wichtigsten Zentren der Wissenschaft besuchen zu dürfen. Damals gehörte vor allem Alexandrien in Ägypten mit seiner einmaligen und erstklassigen Bibliothek dazu. Und selbstverständlich jene Stätten, an denen der von ihm hochverehrte Hippokrates gelehrt und gewirkt hatte. Galenos konnte sammeln, vergleichen, sondieren. Und das tat er mit einer Gründlichkeit wie kaum ein anderer.

Eine seiner wichtigsten Erkenntnisse, die auch für die moderne Heilkunst noch wegweisend ist, lautet: Kein Mensch ist wie der andere. Man darf und kann nicht einfach von Krankheiten sprechen und davon, wie sie behandelt werden. Es gibt eigentlich keine Krankheiten – nur kranke Menschen. Und weil jeder Mensch anders ist, ist auch sein Leiden jeweils anders, das heißt ganz auf ihn abgestimmt, zu behandeln: »Man muss auf die Natur des Kranken achten, denn für jeden Menschen besteht eine besondere Therapie! Der beste Arzt wäre, wer eine Methode schaffen könnte, die Naturen zu erkennen und zu jeder das entsprechende Heilmittel zu finden. Ich glaube, wenn ich die Natur eines jeden genau zu ergründen wüsste, wie es meiner Ansicht nach Äskulap konnte, so wäre ich wohl das Ideal eines Arztes. Da dies jedoch unmöglich ist, habe ich mir vorgenommen, mich darin zu üben, diesem Ideal so nahe wie möglich zu kommen, wie es eben menschenmöglich ist. Und ich rate dies auch allen anderen Ärzten.«

Man darf hier sicherlich wieder anmerken: Solche Sätze sollten sich vor allem jene Ärzte in ihrer Parxis aufhängen, die ihre Patienten nur als »Ulcus duodenis in Zimmer 17« oder als «Neurodermitis auf 25« bezeichnen. Sie haben den Patienten aus den Augen ver-

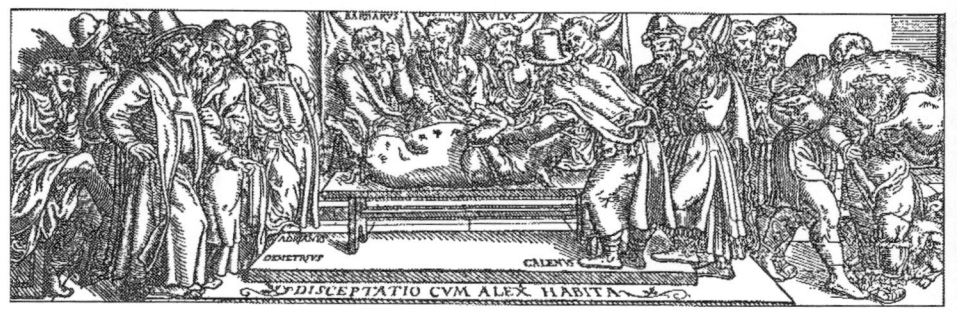

Galenos untersucht den Körper eines Schweins. Stich aus der Renaissance.

loren und sehen in ihm nur die entsprechende Krankheit, die es zu behandeln gilt.

Der Schwerpunkt von Galenos' Heilbehandlung bestand auf dem Reinigen des Körpers, auf der »Entleerung schädlicher Säfte«, wie er es nannte. Das hieß für ihn: Aderlass, Schröpfköpfe, Blutegel, Abführmittel, Brech- und Schwitzmittel, Einläufe. Auch seine zahllosen Arzneien waren keine Heilmittel im eigentlichen Sinn, sondern ganz in diesem Verständnis »Reinigungsmittel«, wobei er nicht nur bereits Pillen und Pastillen, Säfte und Elixiere und Zäpfchen kannte, sondern darüber hinaus in beispielloser Vielfalt Mittel zum Inhalieren, zum Kauen, zum Niesen, zum Einreiben.

Gleichzeitig war er wiederum der erste, der das Wort »Kontraindikation« benützte: den Hinweis, der dem Kranken sagt, in welchen Fällen er das eine oder andere Mittel nicht anwenden darf, weil sonst eine schädliche »Nebenwirkung« befürchtet werden müsste. Und er wusste auch darum, dass zwei oder mehrere Arzneien, gleichzeitig eingenommen, sich gegenseitig neutralisieren oder in ihrer Wirkung schädlich machen können.

Noch heute spricht man von »Galenik«, wenn die spezielle Herstellungsweise und Zusammensetzung eines Medikaments bezeichnet werden soll. Er, der Naturarzt, war gleichzeitig der Erfinder wirksamer Medikamenten-Herstellung.

Doch zu einer kleinen Auslese seiner Heilmittel:

Der Fiebertrank aus Sauerampfer und Gurkenkraut

Das ist eines der typischen natürlichen Heilmittel des Galenos, wie er es wohl bei der Behandlung Claudias angewendet hat, ein Saft »gegen Herzzittern und heftiges Herzklopfen bei hohem Fieber«: Sauerampfersaft, gemischt mit Borexwasser, angereichert mit etwas zerriebener Perle:

> *»Man nimmt schöne große Blätter von*
> *Sauerampfer, zerkleinert sie und presst sie aus.*
> *Dann nimmt man Blüten und Blätter des*
> *Gurkenkrautes (Borretsch) und kocht eine*
> *Handvoll in nicht zu viel Wasser. Man seiht diesen*
> *Tee und lässt ihn kalt werden. Dann gibt man*
> *einen halben Teelöffel des Sauerampfersaftes*
> *hinzu und etwas von einer zerriebenen Perle. Das*
> *trinkt man bei hohem Fieber in kleinen*
> *Schlücken.«*

Der Sauerampfer galt in früheren Zeiten als sehr beliebte, typisch »feuchte Heilpflanze«, also als ein Mittel gegen Fieber, gegen »innere Hitze und Trockenheit«. Man gab den Patienten frische Blätter und man bereitete daraus Tee und Säfte. Heute fehlt der Sauerampfer in den meisten Heilkräuterbüchern – vielleicht deshalb, weil man von ihm leicht zu viel nehmen kann und dann mit Nebenwirkungen wie Erbrechen, Durchfall, Schluckbeschwerden rechnen muss. Das Gurkenkraut, der Borretsch, wird schon vom römischen Dichter Plinius (24–79 n. Chr.) beschrieben: »Diese Blume, in Wein gelegt und damit getrunken, erfreut Herz und Gemüt.« Im Volksmund heißt das Gurkenkraut »Herzfreud« oder auch »Liebäuglein«, ein deutlicher Hinweis auf die stimmungsaufhellende Wirkung der Heilpflanze, die mancherorts noch als Salatgewürz ähnlich dem Schnittlauch verwendet wird.

Das Hinzufügen von Spuren einer zerriebenen Perle darf keineswegs verwundern. Auf der Suche nach wertvollen Mineralien, Metallen – wir sprechen heute von Spurenelementen, Vitaminen, Enzymen – haben die alten Mediziner so gut wie alles durchprobiert, nicht zuletzt jene Dinge, die wertvoll sind wie Gold, Perlen und Edelsteine. Bei Paracelsus stoßen wir auch wieder auf die Perlen. Er hat sie ebenfalls zermahlen, in Essig aufgelöst und in seine Medikamente gemischt.

So etwas wird man heute nicht mehr tun – einfach deshalb nicht, weil wir unkomplizierter an die gesuchten Wirkstoffe herankommen. Es geht sicher auch nicht darum, Galenos (oder die anderen) in allen Einzelheiten peinlich genau nachzuahmen, seine Rezepte auszuprobieren, sondern darum, seine Prinzipien zu verstehen, seine Denkweise zu übernehmen und damit die eigene Natur begreifen zu lernen.

Um dazu nur ein Beispiel zu nennen: Bei vielen alten Rezepten heißt es – auch im späten Mittelalter ist noch die Rede davon –, man müsse, wenn alle Zubereitungen nahezu fertig sind, Kinder oder Jugendliche herbeiziehen, die kräftig in das Medikament spucken sollen.

Niemand wird auf die Idee kommen, das heute noch zu tun. Doch die Spucke hatte einstmals ihren Sinn: In ihr sind Enzyme enthalten, die den einen oder anderen Wirkstoff erst zur Entfaltung bringen. Ohne die Spucke, die sie gewissermaßen aufschließt, müsste das Medikament vor allem bei älteren Menschen, welche nicht mehr ausreichend über die nötigen Enzyme verfügen, wenigstens teilweise wirkungslos bleiben. Heute wird man die nötigen Enzyme auf einfachere, hygienischere Weise beifügen. Auch die Abwehrkräfte, die man einstmals mit der Spucke der Kinder den älteren Menschen übermittelte, kann man jetzt wirksamer und gezielter geben, beispielsweise mit Globulinen, also Abwehrstoffen, die aus dem Blut herausgezogen werden. Galenos wäre der Letzte gewesen, der die moderne medizinische Wissenschaft und ihre Leistungen abgelehnt hätte. Er selbst hat sich nicht damit zufrieden gegeben, Heilkräuter zu entdecken und anzuwenden. Er hat ihre Wirkstoffe zu ergründen versucht und sich darum bemüht, sie zu verstärken, sie mit anderen zu noch wirksameren Arzneien zu mischen und besonders heilsame Darreichungsformen zu entwickeln. Das war der Anfang seriöser Pharmakologie.

Doch schon er hat den Grundsätzen gehuldigt, die auch heute noch gelten müssen: Das Einfache und Milde ist dem Komplizierten und Radikalen vorzuziehen, wo immer das möglich ist. Und: Letztlich darf es bei einer Behandlung nicht nur auf die rasche und oberflächliche Beseitigung der Beschwerden ankommen, sondern Hauptziel muss immer die Heilung sein: die Rückgewinnung der leiblich-seelischen Harmonie.

Wein – das Grundheilmittel

Von der ersten Begegnung des ehemaligen Gladiatoren-Arztes Claudius Galenos aus Pergamon mit Kaiser Marc Aurel in Rom berichtet eine hübsche kleine Geschichte, die Galenos selbst erzählt:

Der Kaiser litt an Durchfall, Leibschmerzen und hatte Fieber. Seine Ärzte waren ziemlich hilflos, trauten sich vielleicht auch nicht so recht, dem »Göttlichen« etwas zu verordnen, aus Angst, es könnte sie das Leben kosten, sollten sich Diagnose und Therapie als falsch herausstellen.

Der Kaiser ließ Galenos rufen, von dem man ja wahre Wunderheilungen erzählte.

> *»Drei Ärzte hatten den Kaiser in der Frühe um die achte Stunde gesehen, zwei ihm den Puls gefühlt. Allen schienen die Beschwerden einen Fieberanfall anzukündigen. Ich aber stand schweigend da. Der Kaiser blickte mich an und fragte, warum ich ihm nicht auch den Puls gefühlt hätte. Ich entgegnete: ›Zwei Ärzte haben das schon getan. Sie haben wahrscheinlich bereits während deiner Reise die*

*Eigentümlichkeiten deines Pulses kennen gelernt.
Deshalb, meine ich, müssen sie deinen Gesundheitszustand besser beurteilen können, als ich es
könnte.‹*

*Der Kaiser nickte, forderte mich aber auf, seinen
Puls trotzdem zu fühlen. Also tat ich es. Ich zog sein
Alter und seine Konstitution in Betracht und kam zu
dem Ergebnis, dass kein Fieberanfall zu befürchten
wäre. Sein Magen würde von der eingenommenen
Nahrung bedrückt und diese wäre vor der
Ausscheidung verschleimt.*

*Diese Diagnose wurde vom Kaiser gelobt. Er sagte:
›Das ist's! Genauso ist es, wie du sagst. Ich merke
es selbst, dass mir die kältere Nahrung
Beschwerden verursacht.‹*

*Darauf fragte er, was zu tun sei. Ich antwortete ihm
frei heraus, ich würde ihm Wein mit Pfeffer geben,
wäre er ein gewöhnlicher Patient. Und fügte hinzu:
›Bei euch Herrschern aber pflegen die Ärzte die
unbedenklichsten Heilmittel zu gebrauchen.
Deshalb genügt es, Wolle mit Narbenbalsam
getränkt auf den Magenmund zu legen.‹*

*Marc Aurel sagte, er sei durchaus gewohnt, warmen
Narbenbalsam, auf Purpurwolle gestrichen, auf den
Leib zu legen. Er befahl dem Kämmerer Peitholaos,
dies zu besorgen und mich hinauszubegleiten.
Als die warmen Umschläge gemacht waren und
des Kaisers Füße durch Massieren mit warmen
Händen erwärmt waren, verlangte er Sabinerwein,
warf Pfeffer hinein und trank ihn.*

*Zum Kämmerer Peitholaos sagte er nach dem
Trunk, er hätte nun einen Arzt gefunden, und zwar
einen freimütigen. Und das hat er fortan immer
wieder über mich geäußert: Ich sei unter den*

*Ärzten der erste und unter den Philosophen der
einzige.«*

Es ist nicht zu überhören, wie stolz Galenos über die hohe Auszeichnung war. Das Lob des Kaisers trug er vor sich her wie eine
Art besonderer Qualitätsauszeichnung. Es musste für ihn umso
mehr bedeuten, als Marc Aurel selbst ein hochgebildeter Mann, der
Philosoph unter den römischen Kaisern war.

Interessant sind die beiden Mittel des Galenos gegen Übelkeit,
Leibschmerzen, Verdauungsstörungen. Er empfahl dem Kaiser die
harmloseren Umschläge mit wollenen Tüchern, bestrichen mit warmem Narbenbalsam, und Pfefferwein.

Narbenbalsam, das war ein Brei aus den Früchten des so genannten »Römischen Kümmels« oder des »schwarzen Korianders«. Galenos ließ die Früchte fein zermahlen und mit heißem Wasser daraus einen Brei bereiten. Dieser Brei wurde auf ein Tuch – in diesem Fall aus Wolle – gestrichen und gut warm auf den Leib gelegt
und stets erneuert, sobald er kalt geworden war.

Den schwarzen Koriander, den Karl der Große nach Deutschland
brachte und in Klostergärten anbauen ließ, findet man heute kaum
noch, obwohl er durch die Jahrhunderte weithin als Gewürz dem
Pfeffer vorgezogen wurde. Bis in unsere Zeit war es in vielen Gegenden Deutschlands üblich, aus dem schwarzen Koriander einen
besonders wirksamen Gallentee zu bereiten. Man nahm etwa einen
Teelöffel voll zerstoßenen Samen und überbrühte ihn mit einer
Tasse kochendem Wasser. Das ließ man einige Minuten lang ziehen.

Man trank täglich eine oder auch zwei Tassen. Der Tee galt als
Mittel gegen Durchfall und Gallenkoliken. Stillende Mütter tranken
ihn ebenfalls, um die Milchbildung anzuregen. Schließlich streute
man etwas Korianderpulver auf den Brotteig. Es hatte, genau wie
der Kümmel, die Aufgabe, Blähungen zu verhindern.

Dem Wein fiel in Galenos' Heilschatz – ganz im Sinne des Hippokrates – die Rolle als Grundsubstanz zu. Wein pur oder verdünnt

galt allgemein als Kräftigungsmittel, wobei sehr genau zwischen dem weißen und roten, dem leichten und schweren Wein unterschieden wurde: Weißwein ist leicht und bekömmlich. Er desinfiziert kleine innere Wunden und heilt sie; Rotwein dagegen ist schwer und schwer verdaulich. Er macht dick. Am gesündesten ist der herbe, sprich saure Naturwein. Er treibt den Harn aus, fördert die Verdauung, stillt den Durchfall. Milder Wein empfiehlt sich aber eher als saurer für sehr nervöse Menschen. Alle Weinsorten wirken auf die Gefäße straffend. Und sie entgiften.

Dieses »Grundheilmittel« ist nun gewissermaßen als Trägersubstanz für zahllose Arzneien verwendet worden: Kräuter, Samen und Wurzeln wurden nicht nur in Wasser gelegt, gekocht oder überbrüht, sondern man legte sie häufiger noch in Wein und stellte die Flasche tage- und wochenlang an die Sonne, damit die Wirkkräfte in den Wein übergehen konnten. Oder man kochte sie in Wein oder gab – wie im Beispiel des Kaisers Marc Aurel – ein wenig Pulver einer zerstoßenen Frucht beziehungsweise Pflanze in den Wein.

Solche Kräuterweine sind noch zu Großmutters Zeiten als die Medizin schlechthin stets griffbereit aufbewahrt worden. Man nahm einen kleinen Schluck davon gegen Missbehagen jeder Art – von Appetitlosigkeit bis zu Übelkeit –, und die Flasche fehlte auch an keinem Krankenbett.

Ein Gläschen Wein pro Tag galt seit jeher als das eigentliche Mittel zur Erlangung eines hohen Alters. Ab dem 40. Lebensjahr, so meinte Galenos und meinten mit ihm viele berühmte Ärzte, sollte der Wein als Medizin täglich getrunken werden. Selbst die großen arabischen Ärzte des späten Altertums und des Mittelalters, denen Mohammed den Alkohol doch verboten hatte, versuchten immer wieder, für den Wein die große Ausnahme zu begründen und seine Verwendung – nicht als Genussmittel, sondern als Medizin – zu rechtfertigen.

Johanniskraut – das Mittel zur Mitte

Der Arzt Galenos ist in die Geschichte eingegangen als der Entdecker der vier Temperamente. Er hat die Menschen, entsprechend ihrer seelischen Beweglichkeit und der Art ihrer Reaktionen, eingeteilt in:

Sanguiniker, jene Typen, die mindestens nach außen hin alles sehr leicht nehmen, immer heiter, oftmals geradezu leichtsinnig sind;

Choleriker, jene, die bei jeder Kleinigkeit aufbrausen, temperamentvoll, ja unbeherrscht lospoltern und sich mächtig aufregen;

Melancholiker, die typischen Schwarzseher mit der Einstellung »Es hat ja doch alles keinen Sinn!«, die zur Traurigkeit und Düsternis neigenden Menschen;

Phlegmatiker, die schwerfälligen, gleichgültigen Typen, die nicht aus der Reserve zu locken sind, sich stumpf, ja unansprechbar verhalten.

Sobald ein Mensch sich in eine der vier Gruppen einpassen lässt, das war Galenos' Überzeugung, hat er seine Mitte verloren. Denn der vollkommen gesunde Mensch ist weder ein unbekümmerter Leichtfuß noch ein Trauerkloß, weder ein Polterer noch ein träger Klotz. Er hat von alldem etwas in sich, doch keine »Art« überwiegt, keine ist bestimmend, sondern alle werden beherrscht.

Es ist typisch für Galenos, dass er im Verlust der Mitte nicht etwas Schicksalhaftes oder die Strafe der Götter sehen konnte, sondern nach einer körperlichen Ursache suchte und sie zu heilen versuchte. Sein natürliches Heilmittel hieß Johanniskraut. Er hat es auf verschiedene Weise angewendet. Die größte Heilkraft schrieb er jedoch dem heute noch beliebten Johannisöl zu.

So kann man es auf einfachste Weise selbst zubereiten:

> *»Man pflückt die kleinen gelben Blüten des*
> *Johanniskrautes und die obersten Blättchen und*
> *gibt sie in eine Flasche mit möglichst weitem*

Hals. Dann gießt man gutes Olivenöl darüber.
Für etwa 25 Gramm Blüten und Blätter nimmt
man ungefähr einen halben Liter Öl.
Die Flasche wird gut verschlossen und fünf oder
sechs Wochen lang an die Sonne gestellt – so
lange eben, bis das Öl eine schöne blutrote Farbe
angenommen hat.
Wenn das so weit ist, gießt man das Öl durch ein
Leinentuch, wobei die Blüten und Blätter kräftig
ausgepresst werden. Das nun fertige Johannisöl
gibt man in eine Flasche mit dunklem Glas, die
man möglichst an einem dunklen und kühlen Ort
aufbewahrt.«

Dieses Öl ist eines der bekanntesten Volksheilmittel geworden. Es wird verwendet als Hautpflege- und Wundheilmittel sowie als Einreibemittel bei Rheumaschmerzen (Hexenschuss), Prellungen, Verrenkungen.

Man nimmt es aber vor allem – tropfenweise in einem Teelöffel Wasser – als Mittel gegen seelische Verstimmungen, Niedergeschlagenheit. Auch in modernen Heilpflanzenbüchern wird noch versichert: »Nach einer Behandlung mit Johanniskraut ist nach vier bis sechs Wochen eine deutliche Aufhellung der Stimmungslage zu erkennen. Man kann Johanniskraut deshalb als pflanzliches Antidepressivum bezeichnen. Bei den so genannten symptomatischen und den reaktiven Depressionen kann Johanniskraut chemische Mittel ersetzen. Auch bei der vegetativen Dystonie (Nervenschwäche) kann man es einsetzen.«

Ein Arzt unserer Tage glaubt entdeckt zu haben, dass Johanniskraut ein ganz hervorragendes Mittel gegen die Luftverschmutzung ist. Schon Galenos hat gewusst, dass Johanniskraut bei übermäßiger Anwendung lichtempfindlich macht. Man bekommt leichter einen Sonnenbrand und sollte deshalb bei einer Johanniskrautkur die pralle Sonne möglichst meiden. Diese Tatsache hat ein Karlsruher Arzt sich ins Gedächtnis gerufen, als er in der Großstadt immer mehr entwicklungsgestörten Kindern begegnete und sich sagte, diese Störungen könnten womöglich damit zusammenhängen, dass die schmutzige Luft das Sonnenlicht zu stark filtert. Er gab den Kindern einen Extrakt aus Johanniskraut. Ergebnis: Die Störungen konnten in allen Fällen behoben werden. Alle Kinder konnten fünf Wochen nach Beginn der Therapie wieder in die Schule gehen.

Zum Johanniskrauttee nimmt man gewöhnlich das getrocknete Kraut. Man überbrüht einen Teelöffel voll davon und lässt ihn fünf Minuten zugedeckt ziehen. Zur Kur trinkt man morgens und abends je eine Tasse.

Rote Rüben – die Gesunderhalter

Galenos hat zeitlebens sehr deutlich unterschieden: »Es gibt zwar nur eine Wissenschaft vom menschlichen Körper. Sie hat aber zwei hervorragende und besondere Teilgebiete: Das eine ist die Gesundheitspflege, das andere die Heilkunde. Beide verhalten sich in ihrer Auswirkung verschieden, denn das eine bedeutet ja, den bestehenden Zustand zu erhalten, das andere will ihn verändern. Da der Zeit wie der Wertschätzung nach die Gesundheit vor der Krankheit kommt, müssen wir doch wohl zuerst darauf schauen, wie man sie bewahren kann. Erst in zweiter Linie steht dann der Versuch, die Krankheit zu heilen.«

Das ist eine heute weithin verloren gegangene Selbstverständlichkeit: Die Ärzte haben weder Zeit noch die Möglichkeit, sich eingehend mit dem gesunden Menschen abzugeben, ihn zur rechten Lebensweise anzuhalten und somit vorbeugend dafür zu sorgen, dass er erst gar nicht krank wird. Damit hat die moderne Medizin – misst man sie an den Forderungen des großen Galenos – die wichtigste Aufgabe überhaupt aufgegeben. Sie widmet sich heute weitgehend nur noch der Heilung – und nicht einmal mehr das. Die weitaus meisten Ärzte müssen sich darauf beschränken, Notfall-

74

Medizin auszuüben: Der Patient kommt mit Beschwerden oder im Falle einer Verletzung und will möglichst rasch davon befreit und wieder hergestellt werden. Die Behandlung muss ein schnelles Ergebnis bringen. Alles andere ist unwichtig. Sobald es erbracht ist, verliert der Arzt seinen Patienten aus den Augen – bis ihn erneut Schmerzen, Behinderungen oder einfach Angst in die Praxis oder ins Krankenhaus zurückführen.

Diesen Zustand darf man keineswegs nur den Medizinern anlasten. Er ist das Ergebnis einer völlig falschen Einstellung zur Gesundheit. Und diese Einstellung ist allgemein. Für die Gesundheit und ihre Erhaltung fühlt sich kaum einer mehr selbst verantwortlich. Man lebt dahin, bis sich eine Störung einstellt. Dann soll der Arzt alles »reparieren«. Wenn ihm das nicht gelingt, wird er verklagt. Ärztliche Hilfe kann man aber auch nur im Krankheitsfall in Anspruch nehmen, denn dann bezahlen die Krankenkassen. Die Erhaltung der Gesundheit mit ärztlicher Hilfe müsste ja aus eigener Tasche beglichen werden – von ein paar Ausnahmen abgesehen.

Wollten wir heute die Medizin wieder so verstehen, wie sie Galenos verstanden hat, müssten wir neben dem Arztberuf den des Gesundheitsberaters schaffen, des Experten, der unsere Lebensweise überwacht und notfalls korrigiert, damit wir erst gar nicht zum Arzt gehen müssen; der uns in Fragen der Ernährung, der gesunden Kleidung, der Bewältigung von Stress und vielen anderen Dingen berät, die für unser Wohlergehen wichtig sind.

Nicht zuletzt deshalb, weil es diesen Berater nicht gibt, sind wir in die gegenwärtige Gesundheitsmisere hinein geschlittert, die unbezahlbar geworden ist. Vergessen wir aber nicht: Diesen Beruf gäbe es längst, bestünde auch nur die geringste Aussicht, dass ihn jemand in Anspruch nimmt. Es wäre wohl an der Zeit, dass die Regierungen einsehen, wie viele Milliarden sie einsparen könnten – und wie einfach es wäre, die Ärzteschwemme zu beseitigen –, würde sie Anstrengungen zur Gesunderhaltung finanzieren, nicht erst das »Reparieren« der zerstörten Gesundheit.

Weil es diesen Dienst aber nicht gibt, ist jeder einzelne umso mehr aufgerufen, sich für seine Gesundheit selbst verantwortlich zu fühlen. Es ist zu spät, nach natürlichen »Heilmitteln« zu suchen, wenn etwas weh tut, also bereits ein Fehler gegeben ist. Die Faustregel der alten Ärzte hieß: Eine vollkommene Heilung braucht ebenso viel Zeit wie die Krankheit benötigte, sich durchzusetzen. Das heißt: Wer sieben Jahre lang unvernünftig und ungesund gelebt hat, darf nicht hoffen, er wäre mit einer Tasse Kamillentee wieder gesund. Wer dagegen schon in guten Tagen zu natürlichen Mitteln Zuflucht nimmt, der bringt ihre Schätze ungeschmälert zur Entfaltung.

Galenos hat seinen Römern und Griechen ein solches Idealmittel zur Gesunderhaltung genannt: die roten Rüben. Heute wird heftig darüber gestritten, ob der Saft der roten Rübe (rote Bete) Krebs heilen kann oder nicht. Galenos hätte über solche Diskussionen nur den Kopf geschüttelt: »Warum habt ihr euch nicht rechtzeitig an die roten Rüben erinnert? Sie hätten euch davor bewahren können, erst in diese böse Situation zu geraten.«

Man macht sich gerne lustig über die großen Alten und spottet: »Typisch! So einfältig waren sie! Nur weil eine Pflanze einen rötlichen Saft hat, glaubten sie, sie wäre heilsam für das Blut.« Die Spötter sind in jüngster Zeit recht kleinlaut geworden. Denn die chemischen Analysen bestätigten: Rote Rüben sind tatsächlich ein hervorragendes Mittel zur Blutbildung. Sie enthalten nicht nur wertvolles Eisen in hohen Mengen und wichtige Vitamin-B-Arten, sondern darüber hinaus nahezu alle und vor allem die seltenen Spurenelemente. Und vieles mehr. Jede neue Untersuchung enthüllt einen neuen Heilschatz. Es gibt Hinweise dafür, dass die roten Rüben einen tumorfeindlichen Heilstoff besitzen.

Galenos hat vor allem empfohlen, sie für den Winter einzumachen und sie dann, in den vitaminarmen Zeiten, zu jeder Fleischspeise zu essen. Wie richtig diese Empfehlung ist, zeigen neueste wissenschaftliche Erkenntnisse: Falls im Fleisch sich Rückstände befinden, die im Körper zu krebserregenden Substanzen werden könnten, kommen Vitamine dem zuvor.

Den Salat aus roten Rüben bereitete man früher genauso, wie man das heute auch noch tut: Die Rüben werden gekocht (nicht zu lange!), dann zieht man die Haut ab, zerschneidet die Knollen in Scheiben und gibt Essig und Öl bei.

Noch wirksamer und heilsamer als die roten Rüben selbst ist der Saft der frischen Rübe: Man raspelt die Rüben und presst den Saft mit einer Handpresse aus. Davon kann man täglich ein Glas voll (etwa einen viertel Liter oder auch etwas mehr) trinken. Es sind keinerlei Nebenwirkungen zu befürchten, weil dieser Saft magenfreundlich ist. Nur eben: Je frischer, desto besser!

Ob es nicht an der Zeit wäre, die »Alten« wie Claudius Galenos neu zu entdecken?

»Diese für die genannten Krankheiten beschriebenen Arzneien sind von Gott geoffenbart.
Gott schuf den Kosmos und stellte in seine Mitte den Menschen. In ihm sind alle Elemente vereinigt und erhöht. Mit ihm wirken sie zusammen – und er mit ihnen. So sind denn in allen Geschöpfen Gottes Wunderwerke geborgen, in den Tieren, in den Fischen und Vögeln, in den Kräutern und Blumen und Bäumen: Verborgene Geheimnisse Gottes, die kein Mensch wissen und erspüren kann – es sei ihm denn von Gott eingegeben ...«

Hildegard von Bingen

(1098–1179)

»Gott läßt sterben, was ihn nicht berührt!«

Dezember 1147

Die Stadt Trier erlebt die wohl bedeutendsten Tage ihrer Geschichte: Für viele Wochen weilt Papst Eugen III. in den Mauern, ein sehr frommer, einfacher Mann, dessen steiler Weg vom einfachen Mönch direkt auf den Stuhl Petri geführt hat. Um sich versammelt hat der Papst 20 Kardinäle, zahlreiche Erzbischöfe, Bischöfe, Äbte und Gelehrte aus dem Deutschen Reich, aus Frankreich, England und Italien. Auch sein ehemaliger Lehrer, der berühmte und wortgewandte Bernhard von Clairvaux, ist da. Die

Gott diktiert Hildegard von Bingen ihre Werke. Schnitt aus dem 16. Jahrhundert.

80

Spitzen der Kirche beraten in einer Synode über wichtige theologische Fragen wie etwa das Wesen der göttlichen Dreifaltigkeit.Mit großer Spannung wartet man zudem auf Nachrichten von den Heermassen, die unter Führung des deutschen Kaisers Konrad III. und des französischen Königs Ludwig VII. zum zweiten Kreuzzug in das Heilige Land aufgebrochen sind.

Doch alle Diskussionen werden in diesen Tagen durch ein Ereignis besonderer Art verdrängt. Alle Fragen sind plötzlich unwichtig – angesichts eines einzigen Themas: Wer ist diese Schwester Hildegard, die Äbtissin auf dem Disibodenberg?

Von dieser Frau ist verwirrende Kunde zu den Kirchenfürsten gedrungen. Erzbischof Heinrich von Mainz hat dem Papst und der Synode berichtet: Hildegard schreibt dicke Bücher. Wunderbare Bücher! Und sie behauptet, es handle sich um »Offenbarungen direkt von Gott«.

Aber ist es tatsächlich so – oder handelt es sich um ein Teufelswerk? Gewiss, der Lebenswandel dieser Frau ist untadelig. Dieses zarte, oft recht kranke Wesen lebt fast scheu und zurückgezogen in ihrem Kloster, macht kein Aufhebens von ihrer »Begabung« und ist ihren Mitschwestern ein leuchtendes Vorbild. Das, was in ihren Schriften steht, ist faszinierend. Bisher hat niemand auch nur das Geringste entdecken können, was im Widerspruch zur Glaubenslehre stehen würde. Sollte man Hildegard nun gewähren lassen, vielleicht sogar anerkennen, oder müsste ihrem Treiben Einhalt geboten werden?

Der Papst muss eine Entscheidung fällen. Und er ist entschlossen, sich Klarheit zu verschaffen. Er hat eine Abordnung gelehrter Männer in das Kloster auf dem Disibodenberg geschickt, die an Ort und Stelle das Phänomen Hildegard überprüfen soll. Nun wartet man auf deren Rückkehr. Und die Spannung wird immer größer. Die Stimmung ist geteilt.

»Eine Frau!«, sagen die einen und rümpfen die Nase. »Würde Gott nicht den Papst oder wenigstens einen Bischof erwählen, sollte er wirklich etwas Wichtiges mitzuteilen haben? Klingt es nicht völlig unwahrscheinlich, dass er sich an eine einfache, theologisch ungebildete Frau wendet?«

»Gewiss, diese Hildegard mag ja fromm und der Kirche ergeben sein. Aber kennt man nicht die einfältige Geschwätzigkeit der Frauen, ihre Vorliebe für das Fantastische, ihre Schwärmereien?«, pflichteten andere bei und zitierten den heiligen Paulus: »Die Frau hat in der Kirche den Mund zu halten.«

Die anderen sind, wie der Papst selbst, einfach beeindruckt von dem, was sie gehört und gelesen haben. Sie haben ebenfalls ein Bibelzitat bereit: »Den Klugen und Gescheiten hast du, Herr, es verborgen, den Einfältigen geoffenbart!«

Der Streit wird jäh durch das Auftauchen der Abordnung unterbrochen, die vom Disibodenberg zurückkehrt und fassungslos berichtet: »Es ist unglaublich, was diese Frau sagt und kann!« Die Mitglieder bringen den Mönch Volmar mit, der Hildegard als Sekretär dient und ihre Aussagen in gutes Latein setzt, und den Abt Kuno, ihren geistlichen Vater. Diese zitieren Hildegard:

>*»Als Gott mich schuf und mir im Schoß meiner
Mutter durch den Hauch des Lebens die erste
Gestalt gab, prägte er dieses Schauen schon
meiner Seele ein.*
>
>*Ich sehe diese Dinge nicht mit den äußeren Augen
und höre sie nicht mit den äußeren Ohren, ich
sehe sie vielmehr einzig in meiner Seele, mit
offenen leiblichen Augen. Ich erleide niemals die
Bewusstlosigkeit einer Ekstase, sondern sehe es
wachend, bei Tag und bei Nacht.*
>
>*Das Licht, das ich schaue, ist nicht an den Raum
gebunden. Es ist heller als eine Wolke, die die
Sonne in sich trägt. Ich weiß nicht, wie hoch, wie
breit, wie lang dieses Licht ist. Man hat mir
gesagt, es sei der Schatten des lebendigen Lichts.
In diesem Licht sehe ich zuweilen, aber nicht oft,*

*ein anderes Licht, das mir als das lebendige Licht
bezeichnet wurde. Wann und wie ich es schaue,
kann ich nicht sagen. Aber solange ich es schaue,
ist alle Traurigkeit und alle Angst von mir
genommen, sodass ich mich wie ein junges
Mädchen fühle, nicht wie eine alte Frau ...*

*Im Jahre 1141, als ich 42 Jahre und einen Monat
alt war, kam ein feuriges Licht mit Blitzesleuchten
vom offenen Himmel nieder. Es durchströmte mein
Hirn und durchglühte mein Herz und meine Brust
gleich einer Flamme. Sie brannte jedoch nicht,
sondern wärmte wie die Sonne den Gegenstand,
über den sie ihre Strahlen ausgießt.*

*Damit war mir plötzlich der Sinn der Schriften
erschlossen, der Psalmen, des Evangeliums und
der übrigen Bücher des Alten und Neuen
Testamentes. Und ich hörte eine Stimme, die mir
befahl: »Schreib, was du siehst und hörst! Tu
kund die Wunder, die du erfahren. Schreib sie auf
und sprich!«*

Der Abt Kuno berichtet, wie erschrocken und verwirrt sich Hildegard zunächst gegen den göttlichen Auftrag gewehrt hat. Sie hatte bis zu diesem Zeitpunkt ihre seherische Begabung, die sie schon als Kind mit fünf Jahren entdeckt hatte, peinlichst verborgen. Hildegard wollte nichts Besonderes sein und fürchtete sich vor ihrem Talent. Doch nun wurde sie schwer krank. Sie lag stocksteif gelähmt in ihrem Bett. Man musste um ihr Leben bangen – bis sie den Widerstand gegen Gottes Auftrag aufgab. Von derselben Stunde an war sie wieder gesund. Seit nunmehr sechs Jahren schreibt sie an ihrem Buch »Scivias« – Wisse die Wege.

Der Bischof von Verdun zeigt der Versammlung das Manuskript des Buches, schlägt es auf und beginnt vorzulesen. Geradezu andächtig lauschen Papst und Bischöfe den Schilderungen der Visionen. Diese erzählen vom Sturz des mächtigsten und strahlendsten Engels im Himmel, Luzifer, von der großen Schuld, die auf den Menschen lastet, und davon, dass sie durch Christus und seine Kirche weggenommen wird.

Der Papst lässt sich die Pergamentseiten geben und liest selbst weiter. Mit bewegter Stimme. Jeder im Saal spürt: Das ist nicht nur Dichtung in höchster Vollendung. Hier werden nicht nur ungekannte Monumentalgemälde von tiefster Eindringlichkeit entworfen. Hier ist ein Mensch weit über menschliche Fähigkeiten hinausgewachsen. Er hat die Gnade erfahren, direkt in den Himmel blicken und die Geheimnisse des Lebens erfahren zu dürfen. Als der Papst endet und fragend in die Runde blickt, sieht er keinen mehr, der an Hildegard zweifeln würde.

Bernhard von Clairvaux spricht aus, was alle denken und fühlen: »Eure Heiligkeit möge nicht dulden, dass ein solch hell strahlendes Licht vom Schweigen überdeckt wird! Welch ein Gewinn für die Kirche wäre es, wenn Hildegards Begnadung durch Euere Autorität bestätigt werden könnte!«

So geschah es denn auch. Papst Eugen hat persönlich an Hildegard geschrieben und gut geheißen, was sie tut. Er hat die Äbtissin aufgefordert, das begonnene Werk mutig fortzusetzen und alle Zweifel aufzugeben. Er erteilte ihr ausdrücklich die Erlaubnis, alles, was sie im Heiligen Geist sehe, der Menschheit mitzuteilen.

Nun brach es wie ein Sturzbach aus Hildegard von Bingen hervor. Ihr Kloster bekam riesigen Zulauf junger Mädchen, die in ihrer Nähe weilen und ihrem Beispiel nacheifern wollten. Hildegard ließ ein neues, größeres Kloster auf dem Rupertsberg bei Bingen bauen.

Und sie schrieb. Wie eine Besessene. Ihr Kloster wurde, wie ein Zeitgenosse bemerkte, »zum Sprechzimmer Europas, ihre Stimme zum Gewissen der Welt«. Päpste, Bischöfe, Fürsten holten sich Rat bei der »Großen Frau des Mittelalters«, wie man sie später nennen sollte.

Aber Hildegard wartete nicht nur, bis man zu ihr kam. Sie meldete sich auch ungerufen zu Wort und wandte sich an die Mächti-

84

gen ihrer Zeit, ohne ein Blatt vor den Mund zu nehmen. Papst Anastasius IV., einem sehr gütigen, aber etwas weichen Mann, der 1153 Papst Eugen auf dem Thron Petri folgte, schleuderte sie die heftige Anklage entgegen: »Du vernachlässigst die königliche Tugend der Gerechtigkeit. Du siehst zu, wie das Böse stolz das Haupt erhebt, indem du diese abscheulichen Menschen, die das Geld mehr lieben als die Gerechtigkeit, fürchtest ...«

In Ingelheim trat sie unerschrocken vor Kaiser Friedrich Barbarossa hin – wie einst die alten Propheten zu ihrem König gegangen waren, um ihm die Warnungen und Ermahnungen Gottes zu bringen. Barbarossa muss von dieser Begegnung tief beeindruckt gewesen sein, denn er schrieb Hildegard kurz später: »Friedrich, durch Gottes Gnade Römischer Kaiser und ständiger Mehrer des Reiches, entbietet Frau Hildegard von Bingen seine Gunst und alles Gute. Wir machen deiner Heiligkeit bekannt: Das, was du uns in Ingelheim vorausgesagt hast, halten wir bereits in Händen. Aber trotzdem werden wir nicht aufhören, in allen Unternehmungen uns für die Ehre des Reiches abzumühen ... Du darfst versichert sein, dass wir bei jedwedem Anliegen, das du uns vorträgst, weder auf die Freundschaft noch auf den Hass irgendeiner Person Rücksicht nehmen werden. Vielmehr haben wir uns vorgenommen, einzig im Blick auf die Gerechtigkeit gerecht zu urteilen.«

Friedrich Barbarossa lag zu jener Zeit in heftigem Streit mit Rom. Er unterstützte zeitweise Gegenpäpste, sodass eine Kirchenspaltung drohte, ein Kampf, der 18 Jahre lang dauerte. Hildegard konnte nicht schweigen. Sie schrieb an Friedrich, eindringlich, unmissverständlich: »O König, es ist dringend notwendig, dass du in deinen Handlungen vorsichtig bist. Ich sehe dich nämlich in der geheimnisvollen Schau wie ein Kind, einen unsinnig Lebenden vor den Augen Gottes. Noch hast du Zeit, über irdische Dinge zu herrschen. Gib acht, dass der höchste König dich nicht zu Boden streckt wegen der Blindheit deiner Augen, die nicht richtig sehen, wie du das Zepter zum rechten Regieren in der Hand halten musst. Darauf hab acht: Sei so, dass die Gnade Gottes in dir nicht erlischt!«

Das war überaus kühn. Der Kaiser machte mit denen, die Kritik übten, kurzen Prozess! Aber Hildegard hatte keine Angst. Als der Kaiser auf ihre Warnungen nicht hörte, schrieb sie erneut, diesmal noch energischer: »Der da ist, spricht: Die Widerspenstigen zerstöre ich, und den Widerstand derer, die mir trotzen, zermalme ich durch mich selbst. Wehe, wehe diesem bösen Tun der Frevler, die mich verachten! Das höre, König, wenn du leben willst! Sonst wird mein Schwert dich durchbohren!«

Der Kaiser hörte nicht auf die »Seherin vom Rhein«. Da hielt es Hildegard nicht mehr länger in der Stille ihres Klosters. In ihrer Sorge um die Kirche und die Einheit der Christenheit verließ sie 1158 den Rupertsberg, um 13 Jahre lang kreuz und quer durch Deutschland zu reisen. Sie predigte – etwas, das die Leute noch niemals erlebt hatten. Sie rief zur Umkehr und zur Buße auf und wetterte gegen Irrlehren. Inzwischen war die Äbtissin 60 Jahre alt! Mit 81 starb sie, am 17. September 1179, in ihrem Kloster bei Bingen.

Welch ein Leben!

Doch damit noch nicht genug. Kurz vor ihrem Aufbruch zu der langen Reise durch Deutschland, vermutlich um 1155, hat Hildegard zwei Bücher verfasst, die sich mit der Gesundheit befassen und auf den ersten Blick nichts mit Glaubensfragen zu tun haben. Auch sie, so sagt sie, sind ihr von Gott in der »leuchtenden Wolke« geoffenbart worden: »Physica« – man könnte es übersetzen mit »Die menschliche Natur«, und »Causae et curae« – »Ursachen (der Krankheiten) und Heilweisen«.

Soweit wir es wissen, hat sich Hildegard selbst niemals als Ärztin betätigt. Sie hat zwar gelegentlich, vor allem später auf ihren Reisen, geheilt, aber nicht mit Rezepten und besonderen Mitteln, sondern indem sie den Kranken die Hände auflegte.

Gewiss gehörte seinerzeit zu jedem Kloster ganz selbstverständlich ein Heilkräutergarten. Karl der Große hatte viele Pflanzen von seinen Heereszügen in den Süden mitgebracht und die Anpflanzung dieser Heilkräuter in Klöstern befohlen. Deshalb muss man davon ausgehen, dass sowohl auf dem Disibodenberg wie auf dem

Rupertsberg nicht nur die gängigen Heilkräuter, sondern auch ihre Anwendung bekannt waren.

Doch Hildegards Medizinbücher sind keine Zusammenfassung der seinerzeit bekannten Heilweisen, sondern sie stellen etwas Neues dar. Es finden sich darin Rezepte, die bis dahin unbekannt waren. Es sind keine schwierigen, komplizierten Anweisungen, sondern Mittel, wie sie jeder zu Hause für sich zubereiten kann.

Gegen vorzeitiges Altern

Ein typisches Beispiel für die Rezepte der heiligen Hildegard – offiziell ist die Äbtissin nie heilig gesprochen worden, doch man hat sie schon zu Lebzeiten als Heilige verehrt und später vollkommen selbstverständlich in die Reihe der Heiligen eingefügt – ist der Schlehenwein, ein Mittel, das auch heute als Medizin gegen Gicht und Arteriosklerose angewendet wird:

»Man verbrennt so viel trockenes Schlehenholz auf einem Brett, bis man 40 Gramm gesiebte Schlehenasche beisammen hat.
Sie wird vermengt mit 20 Gramm Zimtpulver und 10 Gramm Nelkenpulver. Diese Mischung wird in 1,4 Liter naturreinem Wein aufgekocht. Nach 5 Minuten kochen werden 200 Gramm guter Bienenhonig hinzugegeben. Das Ganze wird noch einmal kurz bis zum Sieden erhitzt und dann, noch ganz heiß, durch ein Tuch gefiltert. Man füllt den Wein in Flaschen ab, die kühl gelagert werden. Von diesem Wein sollen vor allem ältere Menschen täglich zwei, drei Gläschen trinken. Das wird ihnen viel Erleichterung bringen.«

Salbe gegen Arthritis

Eine wunderbare Salbe gegen rheumatische Entzündungen hat Hildegard von Bingen folgendermaßen empfohlen:

> *»Man zerstampft Wermutblätter in einem Mörser zu einem Brei.*
> *Dann nimmt man einen Teil Hirschmark, zwei Teile Hirschtalg und vier Teile vom Wermutbrei.*
> *Daraus knetet man eine Salbe. Einen Menschen, der von schwerstem Rheuma geplagt wird, sodass sogar seine Glieder zu zerbrechen drohen, salbt man in der Nähe eines Feuers (im gut geheizten Zimmer) dort ein, wo es ihm weh tut. Er wird geheilt.«*

Im oberösterreichischen St. Georgen hat sich der »Bund der Freunde Hildegards« zur Aufgabe gemacht, den Rezepten der heiligen Hildegard zu neuem Ansehen zu verhelfen. Die Naturärzte von St. Georgen geben folgende Empfehlung zu diesem Rezept: Man sollte die Salbe herstellen, wenn der Wermutstock in Saft steht. Um an das Hirschmark heranzukommen, also das Mark des Hirschknochens, wendet man sich am besten direkt an einen Jäger oder an einen Förster.

Hildegard sagte über das Heilkraut Wermut:

»Der Wermut ist sehr warm und sehr kräftig und der wichtigste Meister gegen jede Erschöpfung. Von seinem Saft gieße genügend in warmen Wein. Befeuchte damit den Kopf, wenn er schmerzt, bis zu den Augen und den Ohren und bis zum Nacken. Tu das abends, wenn du schlafen gehst. Bedecke dann den Kopf mit einem wollenen Hut bis zum Morgen. Das unterdrückt den Schmerz des geschwollenen Kopfs und den Schmerz, der sich im Kopf von der Gicht her ergibt – und es vertreibt auch den inneren Kopfschmerz ...

Und wenn der Wermut frisch ist, zerstoße ihn, drücke seinen Saft durch ein Tuch, dann koche Wein mit ein wenig Honig und gieße den Wermutsaft in diesen Wein, sodass dieser Saft den Wein und den Honig an Geschmack übertrifft.

Trinke diesen Wermutwein von Mai bis Oktober an jedem dritten Tag. Er unterdrückt die Melancholie in dir, er macht deine Augen klar, und er stärkt dein Herz und lässt nicht zu, dass die Lunge krank wird. Er wärmt den Magen und reinigt die Eingeweide und bereitet eine gute Verdauung ...«

Zur Stärkung von Herz und Leber

Besonders viel gehalten hat Hildegard von der Edelkastanie, den Maroni. Ihre Rezepte lauten:

> *»Der Kastanienbaum ist sehr warm, hat aber*
> *doch große Kraft, die der Wärme beigemischt ist,*
> *und bezeichnet die Weisheit. Was in ihm ist, auch*
> *seine Frucht, ist nützlich gegen jede Form der*
> *Schwäche.*
> *Der gichtkranke und daher jähzornige Mensch –*
> *Gicht und Jähzorn gehen immer miteinander*
> *einher – der koche Blätter und Schalen der Frucht*
> *in Wasser und mache damit ein Dampfbad. Dies*
> *sollte er sehr oft tun. Die Gicht wird weichen, der*
> *Zorn wird verfliegen ...*
> *Wer aus einem Kastanienast einen Stock macht,*
> *den er in der Hand trägt, sodass seine Hand*
> *dadurch warm wird, dem werden dank dieser*
> *Erwärmung die Adern und alle Kräfte des*
> *Körpers gestärkt. Nimmt er auch den Duft des*
> *Holzes bewusst auf, wird das dem Kopf*
> *Gesundheit bringen ...*

*Wer stark vergesslich, wie ›leer‹ im Kopf ist, der
soll die Kastanien in Wasser kochen. Er benötigt
keine andere Zutat. Das Wasser wird abgegossen.
Von den gekochten Kastanien soll er häufig
nüchtern und nach dem Essen etwas zu sich
nehmen. Das stärkt Gehirn und Nerven und bannt
Kopfschmerzen ...
Wer an Herzschmerzen leidet und häufig ein
schweres Gemüt hat, der muss rohe Kastanien
essen. Das gießt seinem Herzen einen Saft wie
Schmalz ein. Das Herz wird kräftiger, der
Frohsinn kehrt zurück.
Wer mit der Leber Probleme hat, zerquetsche
Kastanien, lege sie in Honig und esse sie oft mit
dem Honig zusammen. Wer Schmerzen in der Milz
hat, brate die Kerne etwas am Feuer, um sie
gebraten zu essen.
Wer Magenschmerzen hat, koche die Kastanien in
Wasser, zerkleinere sie dann zu einem Brei und
mische in einer Schüssel etwas Semmelmehl mit
Wasser hinzu. In das Semmelmehl gehört noch
etwas Süßholzpulver und eine Spur Pulver von
der Wurzel von Engelsüß (Baumfarn). Dieser Brei
wird dann noch einmal gekocht. Das ergibt ein
Mus, das den Magen reinigt und warm und kräftig
macht.«*

Wenn in solchen Rezepten von »warmen« oder »kalten« Heilkräutern und Früchten die Rede ist, dann muss man sich an die alten
Vorstellungen erinnern, wonach alle Krankheiten, je nach ihren Be-
gleitumständen, in warme, kalte, nasse oder trockene eingeteilt
waren – das Heilmittel aber zur Erlangung der gesunden Mitte
genau entgegengesetzt sein musste: Hohes Fieber, also die Hitze,
bekämpfte man mit Kälte – oder eben mit Heilkräutern, die als kalt,

als kühlend galten; war jemand »erkältet« – das Wort stammt noch aus jener Zeit –, fehlte es ihm also an der nötigen inneren Wärme und damit an der gesunden Durchblutung, dann brauchte er Wärme und Heilmittel, die »brennen«, die Wärme vermitteln. Litt jemand an zu viel oder zu wenig Feuchtigkeit, also zu viel oder zu wenig Schleim, Blut, Lyhmphe, Wasser, Galle – dann hat man auch in diesem Fall versucht, das Gleichgewicht mit Trockenheit oder Feuchtigkeit, mit trocknenden oder Feuchtigkeit spendenden Arzneien wiederherzustellen. Deshalb steht in allen alten Beschreibungen von Heilkräutern und Arzneien zuallererst immer die Erklärung, zu welcher der vier Wirkungsarten die Pflanze oder das Medikament gezählt werden muss. Erst Paracelsus hat 400 Jahre später mit der allzu mechanischen Handhabung der Regel »Heile Heißes mit Kaltem« aufgeräumt, gleichzeitig aber anerkannt, dass doch manches daran richtig ist. Wenn wir heute kalte Umschläge auf die fieberheiße Stirne legen, befolgen wir im Grunde noch immer die uralte Regel.

Sehr interessant bei den Kastanien-Rezepten ist – und das findet sich genauso in zahllosen anderen Rezepten –, dass Hildegard körperliche und seelische Leiden in einem Atemzug nennt. Sie spricht etwa von der Gicht – und der damit verbundenen Neigung zu Zornesausbrüchen, von Herzerkrankungen und der damit einhergehenden Traurigkeit. Schon Hildegard wusste, dass die Seele niemals leidet, ohne dass nicht automatisch auch der Körper in Unordnung geraten müsste, also krank würde. Und umgekehrt: Sobald der Körper sich nicht wohl fühlt, weil irgend etwas in seiner Funktion behindert wird, dann muss auch die Seele bedrückt sein.

Die Heilkunst der heiligen Hildegard ist ein einziges Bemühen, genau diese Zusammenhänge aufzuzeigen. Sie versucht darzustellen, wo der Mensch in der Schöpfung seinen Platz hat und wie Schöpfung und menschliches Leben zusammenspielen müssen, soll Gesundheit gegeben sein. Es ist dasselbe Thema, das in den medizinischen wie in den theologischen Werken anklingt: Der Mensch ist auf das Innigste mit dem Universum verbunden.

Auf alle nur denkbaren Weisen hat Hildegard von Bingen versucht, das, was sie in ihren Visionen sah, hörte, empfand, in Worten, in Melodien, in gemalten Bildern festzuhalten. So hinterließ sie uns wunderschöne Gedichte, Lieder in der Art gregorianischer Gesänge und Bilder, die in ihrer symbolischen Kraft an altindische Mandalas erinnern.

Für Hildegard stellt der Mensch das Zentrum und den Mittelpunkt der Schöpfung dar. Mit ausgestreckten Armen – aber auch mit seinen Geisteskräften – berührt er die Grenzen des Alls und die Sphären des Himmels. Alles, was existiert, vom Wind über die Sterne bis zu den Tieren, Pflanzen und dem Gestein ist dem Menschen zugeordnet. Die Schöpfung ist von Gott für den Menschen gemacht. Und er, der Schöpfer selbst, ist in allem, was existiert, für den Menschen gegenwärtig: »Ich, das feurige Leben der Gottwesenheit, flamme dahin über die Schönheit der Felder. Ich leuchte in den Wassern. Ich brenne in der Sonne, im Mond, in den Sternen. In jeglichem Geschöpf bin ich die lodernde Kraft«, so hört sie Gott in ihrer Vision zu sich sagen.

Das ist für ihre Zeit etwas ungeheuerlich Neues: Der bisher einzig unantastbar ferne und mächtige Gott hinter der Schöpfung wird in die Schöpfung hineingeholt. Bei Hildegard sind Gott und die Welt nicht mehr voneinander zu trennen. Deshalb ist die Welt auch nicht mehr etwas Niederes, Sündiges. Kein Sündental, das man rasch hinter sich bringen müsste.

Hildegard sieht es so: Der Mensch war ursprünglich gut – und deshalb ohne Leid und Krankheit. Die Krankheit kam erst mit der Sünde in die Welt. Doch – das ist das unendlich Positive, Einmalige an Hildegards Denken – so abscheulich auch eine Sünde sein mag, so erbärmlich das daraus resultierende Leid: Im Fehler erst liegt die einmalige Chance, zu wachsen, größer und vollkommener zu werden. Erst das Böse versetzt den Menschen in die Lage, sich voll und ganz dem Licht, dem Guten zuzuwenden. So versteht Hildegard das Zusammenwirken der kosmischen und der menschlichen Kräfte: Die Sphären, Elemente, Winde, Gestirne, alles was existiert, beein-

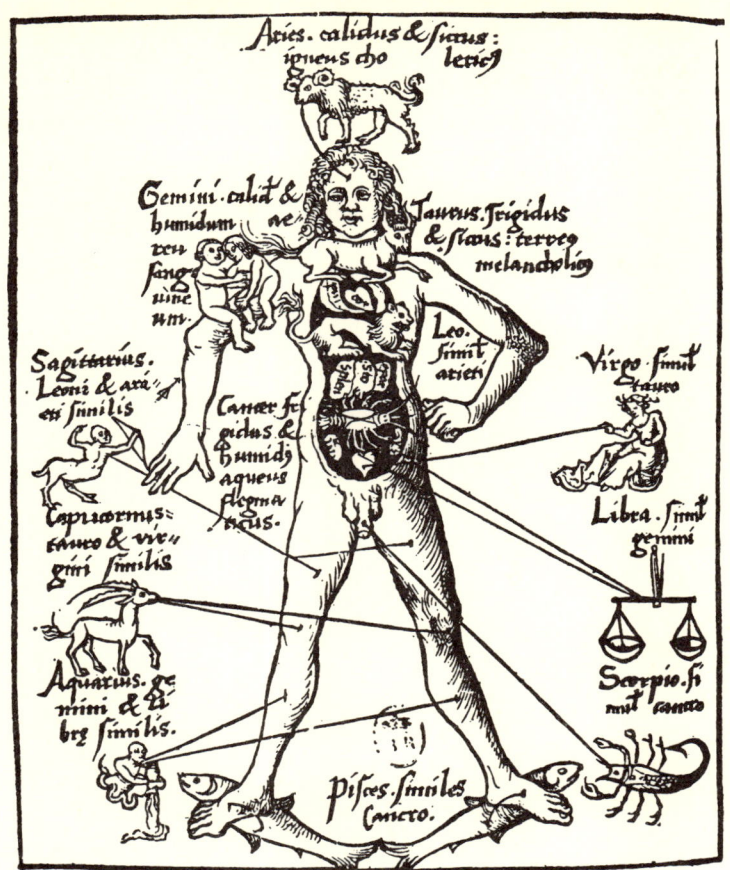

Der Mensch und seine Beziehung zum Kosmos. Schnitt aus dem 16. Jahrhundert.

flusst den menschlichen Körper über seine Körpersäfte und »färbt« somit seinen Zustand und seine Stimmung.

Der Körper des Menschen, der Mikrokosmos, ist in der gleichen Weise »konstruiert« wie die Welt, der Makrokosmos: Jeder Teil, jedes Organ des Körpers ist einer kosmischen Sphäre zugeordnet und wie mit unsichtbaren Fäden mit ihm verbunden. Durch diese direkte Verbindung beeinflusst nun der Mensch mit seinen Reaktionen, seinen Antworten auf die »Umwelteinflüsse« die ganze Schöpfung. Naturkatastrophen beispielsweise sind das Ergebnis des menschlichen Fehlverhaltens. Er, der Mensch, hat den Kosmos »bewegt«, indem er am entsprechenden zugehörigen Faden zog.

Der Mensch als Mittelpunkt der Schöpfung hat die Fäden in der Hand. Jedes Unglück, selbst das schlechte Wetter, Stürme, Erdbeben sind Ergebnisse seiner schlechten Handlungen, nicht zuletzt seiner falschen Gedanken, seiner abwegigen, der Natur zuwiderlaufenden Wünsche und Neigungen.

Hildegard ist oft und manchmal über viele Monate lang krank gewesen. Sie sah in jedem neuen Leiden den Hinweis, dass sie Gottes Absichten zuwidergehandelt habe, und bemühte sich umgehend, »ihren Kurs« zu korrigieren. Selbst ihr, der begnadeten, großen Frau, scheint das oftmals wahrhaftig nicht auf Anhieb gelungen zu sein. Sie hat gewusst, dass es nicht genügen kann, den rechten Tee zu finden und ihn pünktlich zu sich zu nehmen, sondern dass mit jeder Erkrankung eine Besinnung verbunden sein muss: Was habe ich falsch gemacht? Was erwarte ich von meinem Leben? In welchem Punkt ziele ich in die falsche Richtung? Wo tue ich zu viel oder zu wenig?

Sie selbst hielt nicht viel von übertriebener Askese, von heroischem Verzichten und Entsagen. Eine Mitschwester ermahnte sie: »Wie durch unangebrachten Sturzregen die Frucht der Erde Schaden leidet, so wird auch der Mensch, der sich mehr Mühsal auferlegt, als sein Körper aushalten kann, seiner Seele keinen Nutzen bringen!« Solche Worte grenzten im Mittelalter an Ketzerei. Vom Zorn sagt sie, er bringe »das Blutsystem zu einer gewaltigen Überschwemmung. Die Seele sinkt dann im Menschen ermattet zusammen und zieht sich zurück, während der Körper zusammenbricht.«

Anders gesagt: Grundvoraussetzung für ein Leben in Gesundheit und Wohlergehen ist für Hildegard die innere Ausgeglichenheit in jeder Beziehung. Nur wo sie erreicht wird, kann sich der Körper naturgemäß entfalten. Ist die Harmonie aber gestört, muss auch er zu leiden beginnen. Und dann setzt sich ein Teufelskreis in Gang: Der

Körper kann nicht heil werden, weil die Seele leidet, und die Seele kann nicht gesunden, weil der Körper krank ist. Nur wer beides, Leib und Seele, im Verbund miteinander zu kurieren versucht, findet zur Gesundheit zurück.

So sind die Heilrezepte der heiligen Hildegard zu verstehen: Weil der Mensch mit allen seinen körperlichen Bestandteilen der Natur entstammt und also aus natürlichen Elementen zusammengesetzt ist, findet er in der Natur auch die Kräfte, die ihn stärken. Jede Medizin ist Stärkung der verloren gegangenen Lebenskraft.

Petersilien-Herzwein

Ähnlich wie der Kastanie hat Hildegard auch der Petersilie besondere und vielseitige Heilkraft zugeschrieben:

>*Die Petersilie ist von kräftiger Natur und hat mehr Wärme als Kälte in sich. Sie wächst vom Wind und von der Feuchtigkeit. Für den Menschen ist sie besser und nützlicher, wenn er sie nicht gekocht, sondern roh isst. Petersilie vertreibt jene leichten, kaum merklichen Fieber. In der Geisteshaltung macht sie den Menschen ernst. Wer an Herz- oder Milzschmerzen leidet oder häufig Seitenstechen hat, der koche Petersilie in Wein (man nimmt einen frischen Büschel, bestehend aus 5–8 Stängeln, und etwa einen Liter Wein). In den Wein gibt man einen Schuss Weinessig (etwa 2 Esslöffel). Man lässt den Wein circa 5 Minuten lang bei sehr kleiner Flamme kochen und gibt dann Honig hinzu (ein viertel oder auch ein halbes Pfund). Nachdem der Wein mit dem Honig noch einmal kurz aufgekocht hat, gießt man das Ganze durch ein Tuch und füllt es*

in Flaschen ab. [Es spielt offensichtlich keine Rolle, ob man weißen oder roten Wein benützt. Hildegard dürfte vor allem die rheinischen Weißweine gekannt haben. Im Falle der Erschöpfung trinkt man zwei, drei Esslöffel dieses Herzweins.]

Wer zu Steinen (Gallen-, Nieren-, Blasensteine) neigt, der nehme ebenfalls Petersilie und ein Drittel der Menge Steinbrech. Beides koche er in Wein – wie oben. Diesen Wein soll man im Schwitzbad (in der Sauna) trinken.

Dasselbe Gemisch – Petersilie und Steinbrech im Verhältnis 3 zu 1 – soll man in Wasser kochen und als Guss ebenfalls im Schwitzbad verwenden.

Wer an Lähmungen leidet, der kann sich wiederum mit Petersilie helfen. Diesmal kommt etwa dieselbe Menge Fenchel hinzu und etwas weniger Salbei.

Die Kräuter werden im Mörser nicht zu heftig zerstoßen. Dann gibt man mit Rose bereitetes Olivenöl hinzu und legt das Ganze auf die von der Lähmung betroffene Stelle. Darüber bindet man ein Tuch ...«

Fenchel – gegen grauen und grünen Star

»Der Fenchel besitzt angenehme Wärme und ist weder von trockener noch von kalter Natur. Wenn man ihn roh isst, schadet er dem Menschen nicht. Wie immer er auch gegessen wird, macht er die Menschen fröhlich und vermittelt ihnen angenehme Wärme und guten Schweiß und verursacht gute Verdauung.

Auch der Fenchelsame ist von warmer Natur und nützlich für die Gesundheit, wenn er anderen Kräutern in Heilmitteln beigegeben wird. Wer Fenchel täglich nüchtern isst, der vermindert den üblen Schleim oder die Fäulnis in ihm und unterdrückt schlechten Mundgeruch und Atemgeruch.

Und Fenchel stärkt die Sehkraft der Augen. Wenn aber jemand graue Augen hat und mit ihnen irgendwie neblig sieht und das Sehen Schmerzen bereitet, der kann sich auch mit Fenchel helfen, vorausgesetzt das Leiden ist noch nicht zu weit fortgeschritten: Er zerreibe Fenchel oder Fenchelsamen. Sodann nehme er den Saft von Fenchel oder frischen Tau von Gras und etwas Feinmehl. Aus dem Fenchel, dem Mehl und dem Fenchelsaft oder Tau (Wasser) forme er kleine Törtchen. Die lege er nachts über die Augen und binde ein Tuch darüber. Es wird ihm bald besser gehen. Wenn aber jemand Augen hat, ähnlich einer trüben Wolke, die nicht ganz feurig und nicht ganz trüb ist, sondern etwas grünlich, und wenn er in ihnen Nebel und Schmerzen ausstehen muss, dann zerreibe er im Sommer Fenchel. Im Winter lege er zerriebenen Fenchelsamen in gut abgeschäumtes Eiweiß. Wenn er sich zu Bett begibt, lege er das auf die Augen. Das vermindert den Nebel.«

Gegen Schnupfen, Husten, Menstruationsbeschwerden

»Der Rainfarn ist warm und etwas feucht. Er ist gut gegen alle überfließenden und ausfließenden

Säfte. Wer den Schnupfen hat und hustet, der esse Rainfarn, entweder in Suppen oder in Kuchen oder mit Fleisch oder wie auch immer. Er unterdrückt die Säfte, damit sie nicht überhand nehmen, und trocknet sie aus.

Wer unter trockenem Husten leidet, der bereite mit feinem Mehl und Rainfarn Suppen und esse sie oft. Damit werden die Trockenheit und die inneren Geschwüre seines Hustens gelöst, und man wird den Schleim los.

Wer immer den Harn nicht lassen kann, der zerstoße Rainfarn und seihe seinen Saft durch ein Tuch. Der Saft wird mit etwas Wein verdünnt getrunken. Das hilft rasch.

Frauen, die unter Menstruationsbeschwerden leiden, sollen Rainfarn und dieselbe Menge Mutterkraut nehmen. Dazu kommt noch eine etwas kleinere Menge Wollkraut. Diese drei Kräuter werden gekocht. Das Wasser soll sodann in der Sauna als Guss verwendet werden. Die Frau setze sich im Dampfbad aber auf die noch warmen Kräuter, die wieder warm gemacht werden, sobald sie kalt geworden sind. Das löst und öffnet die Blutgefäße.«

Ein Rainfarn-Pulver aus getrockneten Blättern kann man heute in der Apotheke als Vorbeugungsmittel gegen Grippe bekommen.

Gegen Verbrennungen und Verbrühungen

Auch ein Mittel gegen Verbrennungen aller Art hat Hildegard anzubieten. Wie alle ihre Mittel ist es höchst einfach und wirkungsvoll:

»Der Lein ist warm und taugt nicht zum Essen.
Doch wer irgendwo an seinem Körper eine
Brandverletzung erlitt, der koche Leinsamen stark
in Wasser und durchtränke ein sauberes leinenes
Tuch mit diesem Wasser und lege es warm auf die
verbrannte Stelle. Das zieht die Verbrennung
heraus.«

Ein solches Rezept hört sich reichlich merkwürdig an. Ein moderner Arzt, Erforscher der Rezepte der heiligen Hildegard und Praktiker, der sie auch anwendet, schreibt dazu: »Darauf kommt es nämlich an, dass die Brandstoffe herausgezogen werden, welche sonst den Körper (in schwereren Fällen sogar tödlich) vergiften, wie die Wissenschaft nachweist. Nur wusste man bisher kein voll befriedigendes Naturmittel, das dies bewirkt. Hier ist es! Damit können sogar Verbrennungen dritten Grades, Verschorfung bis Verkohlung, abgefangen werden. Ich weiß nicht, was ich an diesem Mittel am meisten rühmen soll: vielleicht die rasche und nachhaltige Schmerzlinderung, welche sofort ein befreiendes und beruhigendes Gefühl bei allen Betroffenen auslöst. Doch auch hier gilt: Alle Anweisungen genauestens einhalten! Es muss Leinsamen verwendet werden. Die ganzen Körner. Er muss richtig stark gekocht werden, was eine schleimig-sulzige Abkochung ergibt. Körner abseihen und nur das Abkochwasser nehmen! Ich rate: etwa 3 Teelöffel voll Leinsamenkörner und 5–6 Tassen Wasser kochen. Vorsicht, es schäumt leicht! Als Umschlag muss man ein Leinen nehmen. Hieraus ergibt sich, dass Lein (Flachs) offenbar auch in seiner Faser Heilwirkung gegen Verbrennungswunden besitzt. Das entspricht recht genau der modernen Erkenntnis, dass es nicht gleichgültig ist, was für ein Verbandsmaterial verwendet wird. Das mit Leinwasser durchtränkte Tuch soll immer warm aufgelegt und so oft erneuert werden, als es trocken oder unangenehm kalt zu werden beginnt. Also nicht glauben, was brennt müsste man kühlen! Das wäre hier falsch.« Und Hildegard von Bingen hat es gewusst.

Gute-Stimmungs-Törtchen

Die eigentlichen Probleme, mit denen sich die Menschen herumplagen mussten, scheinen vor 800 Jahren nicht wesentlich anders ausgesehen zu haben als heute. Hildegard von Bingen hat nicht nur Heilmittel gegen böse oder gar bösartige Krankheiten anzubieten, sondern sie widmet sich, wie später besonders Michel Nostradamus, dem guten Aussehen, der zarten Haut – vor allem aber der »Aufhellung der Stimmung«. Schlechte Laune, das muss für die Menschen früherer Zeiten nicht einfach eine Unbeherrschtheit gewesen sein, wie das heute vielfach gesehen wird. Hildegard sagt nicht: »Reiß dich halt ein bisschen zusammen«, sondern sie verordnet ein Heilmittel – weil sie weiß, dass die Verstimmung der Seele mit einer Fehlfunktion des Körpers zusammenhängt.

So verwendet sie ein harmloses Mittel, das ein bisschen »high« macht, wie man heute sagen würde: Gute-Stimmungs-Törtchen:

> *»Die Muskatnuss besitzt große Wärme und eine gute Mischung in ihren Kräften. Wenn der Mensch die Muskatnuss isst, öffnet sie sein Herz und reinigt seinen Sinn und bringt ihm einen guten Verstand.*
> *Nimm Muskatnuss, die gleiche Menge Zimt und dazu etwas Nelken. Diese drei Gewürze werden zu Pulver zermahlen. Dieses mischt man unter Mehl und macht mit etwas Wasser einen Teig, aus dem kleine Törtchen geformt werden. Sie werden wie Kekse gebacken.*
> *Iss diese oft. Das dämpft die Bitterkeit des Herzens und deines Sinnes, und es öffnet dein Herz und deine stumpfen Sinne. Es mindert alle schädlichen Säfte in dir, und es verleiht deinem Blut einen guten Saft und macht dich stark.«*

Ein Kleingebäck also, das fröhlich stimmt. Selbstverständlich darf man neben den angegebenen Bestandteilen auch etwas Butter, Backpulver und Zucker verwenden, damit diese Kekse auch wirklich schmecken.

Früher war es allgemein üblich – und heute tun das noch viele Leute –, Muskatnuss auf die Fleischbrühe zu streuen. Dabei kann es keinen Zweifel geben: Es handelt sich bei diesem Heilgewürz um eine Droge! Wer sich nur von Gute-Stimmungs-Törtchen ernähren wollte, der müsste damit rechnen, möglicherweise davon süchtig zu werden.

Bei drei, vier Keksen täglich ist dieses Risiko aber ebenso wenig gegeben wie beim Würzen der Suppe mit Muskatnuss.

Hier noch ein paar allgemeine Regeln und Hinweise, die sich verstreut in Hildegards Rezepten finden:

● Hildegard empfiehlt immer wieder Honig. Er wird den Kräuterweinen so gut wie regelmäßig beigegeben, und das in großen Mengen. Von der Heilkraft des Honigs muss sie sehr überzeugt gewesen sein.

● Außerdem – man kann es so sagen – schwärmte Hildegard von der Farbe Grün. Grün war für sie das Symbol der Gesundheit. Wer krank ist, der wird von ihr möglichst ins Grüne geschickt, seine Augen sollen sich an der frischen grünen Farbe laben, und er soll viel grünes Gemüse essen. Grün ist Naturkraft. Wer sie in sich aufnimmt, wird selbst stark.

● Manche Heilpflanzen, die auch heute noch hoch im Kurs stehen, hat Hildegard scharf abgelehnt oder nur sehr bedingt empfohlen. So schreibt sie über Dill:

> *»Auf welche Art immer er gegessen wird: Er stimmt traurig! Roh taugt er sowieso nicht als Speise, weil er größere Feuchtigkeit der Erde in sich hat als Fenchel. Manchmal zieht er auch etwas Fettigkeit der Erde an sich, sodass er übel bekommt. Gekocht gegessen unterdrückt er allerdings die Gicht ...«*

● Ingwer, so ihr Rat, sollten gesunde und korpulente Leute meiden, weil er sie unwissend und unkundig, matt und zügellos macht.

● Kerbel zählte Hildegard zu den »etwas unnützen Kräutern«:

> *»Wenn er roh gegessen wird, bereitet er viel*
> *Rauch im Kopf. Weder roh noch gekocht taugt er*
> *dem Körper als Speise, es sei denn, er wird als*
> *Heilmittel bei Bruchwunden der Eingeweide*
> *angewendet ...«*

● Rettiche sollen sehr gut sein für »starke und fette Menschen«, schädlich aber für Kranke und Magere.

Hildegard von Bingen war einer der ganz großen Menschen unserer Heimat. Sie gehörte auch zu den wenigen ganz Großen der Welt. Schade nur, dass wir uns nicht viel mehr um sie und ihre Weisheit bemühen!

»Es gibt keine Heilmittel und auch keine Heilkräfte, die man in den Körper hineinschütten könnte. Nicht die Pflanze heilt, nicht ein chemisches Pulver, nicht Hitze und auch nicht Kälte. Heilen kann nur einer. Es ist der unfassbar kundige und unbegrenzt tüchtige Heilmeister in uns. Er ist imstande, alles zu kurieren. Wenn ein Mensch krank wird, dann nur, weil der innere Heilmeister durch ein falsches Leben geschwächt und behindert wurde. Wenn ich heilen will, kann ich nichts anderes tun, als ihm zu Kräften zu verhelfen. Das ist genauso, wie wenn ich eine halb erloschene Glut wieder entfachen will. Ich brauche dazu kein Feuer, sondern nur einen winzigen Funken. Ein Funke genügt doch auch, einen ganzen Wald in Brand zu setzen.«

Theophrast von Hohenheim
(1493–1541)

»Suche den Funken, der das Feuer deiner Heilkraft in dir entzündet!«

24. Juni 1527

Es ist Johannisnacht. Im Claragraben vor den Stadtmauern von Basel lodert ein mächtiger Scheiterhaufen. Übermütig, ausgelassen tanzen die Studenten um das Feuer. Ihr Singen und Grölen hallt vom Münsterberg auf der anderen Seite des Rheins wider. Immer wieder bricht der donnernde Ruf aus vielen hundert Kehlen. »Tod ... Tod ... Tod.«

Ganz vorne, dicht am Feuer, von der flackernden Flamme gespenstisch angestrahlt, steht der junge Stadtarzt von Basel, Theophrast Bombast von Hohenheim. Er nennt sich selbst Paracelsus. So hat er seinen Namen Hohenheim halb griechisch, halb lateinisch übersetzt, wie das damals üblich war. Zugleich gab er mit dieser Bezeichnung seinen Zeitgenossen aber auch unmissverständlich zu verstehen, dass mit seiner Heilkunst etwas ganz Neues beginnt – so wie zur Zeit Christi mit dem römischen Naturarzt Celsus etwas Neues begonnen hatte. Paracelsus will ein neuer Celsus werden, der Mann neben Celsus.

Im Augenblick steht der kleine, bucklige Stadtarzt, nur 150 Zentimeter groß, ausgestattet mit einem viel zu großen, kugelrunden Kopf auf dem schmächtigen Körper, wie ein Rachegott vor dem Johannisfeuer. Der weite schwarze Umhang flattert im Nachtwind. Paracelsus hebt mit beiden Händen ein dickes, schweinsledernes Buch in die Höhe. Es ist das Standardwerk der damaligen Medizin, die »Bibel« der Ärzte.

»Auf dass alles Unglück mit dem Rauch in die Luft gehe!«, ruft er und wirft das Buch in die Flammen. »Tod der Quacksalberei! Es lebe die neue Medizin!«

»Tod ... Tod ... Tod!«, antworten die Studenten im Chor.

Sie packen ihren Lehrer bei den Händen und reißen ihn mit in ihrem wilden Tanz um das Feuer der Sonnenwende. Eine neue Zeit bricht an.

In der Herrengasse, dicht unter dem Münster, hört man nichts vom Treiben im Claragraben. Die dicken Samtvorhänge sind zugezogen. Das Gesinde schleicht auf Zehenspitzen und flüsternd durchs Haus und zuckt zusammen, so oft die gellenden Schmerzensschreie aus dem Schlafzimmer des Domherrn Cornelius von Liechtenfels dringen. Drei Ärzte, gelehrte Professoren, stehen an seinem Bett. Sie streiten, können sich nicht einig darüber werden, was dem geistlichen Würdenträger fehlt.

104

Ein junger Geistlicher stürmt in das Krankenzimmer und berichtet aufgeregt. »Jetzt hat auch die Medizin ihren Luther! Nicht genug, dass dieser Paracelsus vor 19 Tagen am Schwarzen Brett in der Universität die Thesen seiner neuen Lehre angeschlagen hat, genau wie Luther es in Wittenberg tat. Jetzt warf er auch noch die medizinischen Lehrbücher ins Feuer. Es ist ein Skandal.«

»Der Teufel soll diesen Cacophrastus holen«, empören sich die Professoren, diesmal einstimmig. »Was bildet sich dieser Grünschnabel eigentlich ein? Wer weiß, ob er überhaupt einen Doktortitel führen darf!«

Paracelsus

Der kranke Prälat versucht, sich aus den Kissen aufzurichten. »Holt mir diesen Hohenheim! Schnell! Schickt nach ihm! Wenn einer mir helfen kann, dann er. Sagt ihm, ich will ihm alles geben, was ich besitze, wenn er mich von diesen höllischen Schmerzen befreit!«

»Aber«, wirft einer der hochgelehrten Ärzte gekränkt ein, »aber bedenkt doch, Euer Gnaden, man sagt, dieser Hohenheim stecke mit dem Teufel im Bund. Er habe sich der schwarzen Magie verschrieben.«

»Und wennschon«, stöhnt der Domherr. »Was bleibt mir denn anderes übrig? Ihr könnt mir ja nicht helfen. Also, beeilt euch! Holt mir den Stadtarzt, sei er nun Engel oder Teufel!« Paracelsus kommt, begleitet von seinem Diener Ulbrich Gyger aus Pforzheim und seinem Schüler Johannes Oporinus. Zuerst eilt er zu den Fenstern und reißt sie auf. »In dieser Stinkbude müsste ja eine Sau ersticken«, schimpft er grob.

Dann untersucht er den Kranken sehr gründlich. Er schaut ihm in die Augen, betrachtet sehr aufmerksam die Haut an den Armen, an den Beinen, fühlt den Puls und klopft auf die Bauchdecke. Danach deckt er den Domherrn wieder zu und nickt. »Das habt Ihr nun von Eurer maßlosen Völlerei. Jedes Vieh weiß, wann es satt ist. Nur der Mensch frisst unersättlich in sich hinein. Euere Leber ist steinhart und verfettet, die Gallenblase voller Steine. Jetzt haben sich auch noch die Därme ineinander verwickelt. Da hilft kein Aderlass und kein Quecksilber. Doch es gibt ein anderes Mittel.«

Paracelsus lässt einen großen Bottich mit heißem Wasser füllen. Da hinein wirft er große Tücher. Dann zwingt er den Domherrn aufzustehen. Er wickelt ihm die dampfenden Tücher um den Bauch und befiehlt dem Diener und dem Schüler, mit dem Kranken im Zimmer auf und ab zu gehen. Hin und her. Ohne Ruhepause. Ohne auf das Winseln und Wehklagen des Geistlichen zu achten.

Erst nach drei Stunden darf Cornelius von Liechtenfels wieder zurück ins Bett. Paracelsus gibt ihm noch ein paar Tropfen seiner »Wundermedizin« – und stellt alsbald mit Befriedigung fest, dass der Domherr in tiefen Schlaf gefallen ist. Am nächsten Morgen fühlt der Patient sich fast schon wieder gesund.

Nur: Auf seinen Retter Paracelsus ist er überhaupt nicht gut zu sprechen. Im Gegenteil. Als Ulbrich Gyger für den Stadtarzt das vereinbarte Honorar, 100 Gulden, abholen will, lässt ihn der Domherr mit wüsten Beschimpfungen die Treppe hinunter werfen. Als Paracelsus in einem Prozess seine Forderung durchzusetzen versuchte, hielt man ihm vor, er habe ja gar nichts Besonderes geleistet, deshalb wäre seine Rechnung unverschämt. Mit Schimpf und Schande wurde der Arzt aus der Stadt Basel verwiesen.

Doch so ist es Paracelsus sein Leben lang ergangen. Er war ständig auf der Flucht vor einem Mächtigen, den er geheilt hatte und der ihm als Dank dafür nach dem Leben trachtete. Dreimal saß er im Gefängnis. Vermutlich wäre er ebenso dem Henker zum Opfer gefallen wie nicht weniger als 21 seiner Schüler – wäre nicht stets zur rechten Zeit ein Kaiser, König, Fürst, Bischof oder Abt krank geworden und hätte ihn nicht der Kranke vor den Nachstellungen der schon Geheilten gerettet. Der Hass der Ärzte und Kollegen auf Paracelsus war unvorstellbar. Die Undankbarkeit der Geheilten blieb beispiellos.

Zu den Patienten des Paracelsus gehörte der Kaiser. Zwölf Fürsten und Bischöfe und die namhaftesten Gelehrten seiner Zeit wie Erasmus von Rotterdam ließen sich von ihm behandeln. Alle, die vor 450 Jahren Rang und Namen hatten, riefen nach ihm – und jagten ihn davon wie einen räudigen Hund, sobald er wieder einmal geholfen hatte.

Obwohl Paracelsus nur 47 Jahre alt geworden ist, gibt es kaum eine europäische Stadt, in der er sich nicht aufgehalten hätte. Er kam bis Moskau und nach Assuan, er hielt sich in Schottland, Schweden, Spanien, Portugal und in der Türkei auf. Ziemlich genau die Hälfte seines Lebens verbrachte er auf elenden Karren, auf staubigen, schlammigen, holprigen, eisigen Straßen. Doch bis heute gibt es keinen Ort und kein Land, das Paracelsus als den großen Sohn feiern möchte.

Das lag gewiss auch an ihm. »Im Zeitalter der Grobiane war er einer der Gröbsten«, heißt es in einer Biographie. Im Jahre 1763 glaubte ein Paracelsus-Forscher zu wissen: »Er lebte wie ein Schwein, sah aus wie ein Fuhrmann, fand sein größtes Vergnügen im Umgang mit dem niedrigsten und liederlichsten Pöbel, war die meiste Zeit seines Lebens besoffen. Auch scheinen alle seine Schriften im Rausch geschrieben zu sein.«

Das ist natürlich maßlos übertrieben. Doch so ähnlich muss das Bild ausgesehen haben, das die Zeitgenossen von diesem Mann mit den so derben, groben Manieren gehabt haben. Man ließ sich von ihm heilen, doch man genierte sich, ihn zu kennen, und wollte ihn schon gar nicht zum Freund haben.

Die Medizin, die ihm wahrscheinlich mehr als jedem anderen zu verdanken hat, übernahm stillschweigend seine Methoden – und leugnete ihn ebenfalls. Weithin bis zum heutigen Tag.

Arzt im Krankenzimmer. Zeichnung aus dem 16. Jahrhundert.

Paracelsus hinterließ über 200 medizinische und theologische Schriften, ein riesiges Werk, geschrieben in einer deutschen Sprache, die es seinerzeit als Schriftsprache noch gar nicht gab. Das geradezu Wunderbare an diesem Genie: Jede Generation entdeckt etwas Neues an ihm. Jede neue Forschung muss einsehen, dass er schon gewusst oder zumindest geahnt hat, was heute erst bewiesen werden kann: Er hatte eben doch Recht!

Paracelsus hat als erster Professor die Medizinstudenten ans Krankenbett geholt und ihnen beigebracht, dass man nicht mit philosophischen Theorien und auch nicht mit Hokuspokus heilen kann, sondern dazu die exakte Beobachtung und die daraus erwachsende Erfahrung braucht. Er hat die Quellen der Heilbäder unserer Heimat chemisch analysiert und Nacht für Nacht in der Alchimistenküche nach neuen, wirksameren Arzneien gesucht. Damit wurde er zum Begründer der Naturwissenschaft und zum Vater seriöser Pharmazie.

Doch Paracelsus ist nicht in den Fehler seiner Nachfolger verfallen, den Körper als ein lebendiges Reagenzglas zu betrachten, in das man nur die notwendigen Substanzen hineinzuschütten braucht, um die gewünschte Wirkung zu erzielen. Er wusste, dass ein Körper aus eigener Kraft gesund werden kann und dass gelegentlich auch die wirksamste Medizin nicht weiterhilft. Bei der Heilung kann es sich also nicht um einen einfachen chemischen Vorgang handeln, der unfehlbar wie im Labor funktionieren müsste: Bringt man Natrium und Chlor unter den richtigen Bedingungen zusammen, erhält man Kochsalz.

Solche Prozesse gibt es in jedem Organismus zwar auch in Hülle und Fülle, doch wer heilen will, muss wissen, dass es einen viel wichtigeren Faktor gibt, jene Instanz nämlich, die diese Prozesse »intelligent« steuert. Paracelsus nannte diesen Lebensfunken, der seiner Meinung nach allen Dingen innewohnt, den Steinen ebenso wie den Pflanzen, dem Quellwasser und selbst dem flüchtigsten Gedanken, Arkanum. Die ganze Welt, so sagte er, ist erfüllt von solchen »Funken«. Deshalb kann der eine mit Kräutern heilen, der andere mit Mineralien, der dritte, indem er seine Hände auflegt.

Paracelsus machte sich über die alte Medizin lustig und schrieb: »Die Alten glaubten, alle Krankheiten kämen von den vier Säften (Blut, Schleim, gelbe und schwarze Galle). Sie meinten damit die vier Elemente, vergaßen aber den Samen, aus dem die Krankheiten wachsen. Die Elemente geben nicht, sie empfangen nur, wie ein Apfelbaum aus dem Baum wächst – aber nur dann, wenn der Same dazu vorhanden ist. Die Elemente sind also nicht die Ursache, sondern das Mittel. Das bedeutet aber, man muss die Krankheiten aus ihrem eigenen Samen und Ursprung erkennen. Es handelt sich nicht um die Beseitigung des Bodens, in dem die Krankheit wächst, sondern um die Beseitigung der Krankheitsursache. Ihr wollt das Feuer hinwegnehmen und mit Kälte überwinden. Jene, die sich für Ärzte halten, pflegen drei Pfund Kälte gegen drei Pfund Hitze zu setzen und fünf Pfund Nässe gegen vier Pfund Trockenheit. Das ist doch gerade so, als wollte einer einen brennenden Holzstoß mit winterlicher Kälte zum Gefrieren bringen ...«

Man könnte solche Sätze modern ausdrücken: Jede Krebserkrankung, um nur ein Beispiel zu nennen, hat eine tiefere Ursache. Es kann deshalb keineswegs genügen, den Tumor wegzuschneiden, ihn zu verbrennen oder mit chemischen Zellgiften bis zur letzten Metastase zu zerstören: Wenn die Ursache, die zum Krebswachstum geführt hat, nicht gefunden und beseitigt wird, wächst der Krebs erneut heran, immer wieder.

Paracelsus war auch der Heilkunst unserer Tage weit voraus, als er festhielt: »Es gibt nur eine einzige Krankheitsursache, nämlich den Ungehorsam gegen die göttlichen Naturgesetze. Da unser Geist aber das unteilbar Ewige nicht in Begriffe fassen kann, müssen wir in ›heidnischem Stil‹ schreiben, das heißt, wir müssen die verschiedenen Formen der Einheit als Glieder dieser Einheit betrachten. Wenn wir das tun, finden wir fünf verschiedene Krankheitsursachen, aus denen alle Leiden entstehen.«

Diese fünf Ursachen sind es seiner Meinung nach:

● Die Umwelteinflüsse ganz allgemein, vom Wetter, dem Klima und landschaftlichen Eigenheiten bis hin zu biorhythmischen Voraussetzungen, die mit den großen kosmischen Rhythmen im Einklang stehen müssen. Gesund ist nur, was mit der ganzen Schöpfung in Harmonie lebt.

● Verunreinigung und Vergiftungen. In Bergwerken vor allem hat Paracelsus schon in frühester Jugend typische »Berufskrankheiten« wie Blei- und Arsenikvergiftungen kennen gelernt.

● Anlagebedingte Voraussetzungen, ererbte Anfälligkeiten, wie sie etwa bei Diabetes, Allergien, angeborenen Herzfehlern gegeben sein können.

● Geistiges Fehlverhalten, eine falsche Einstellung zum Leben, wozu vor allem übertriebene Angst und übermäßige Sorgen gehören.

● Schicksalhafte Fügungen, dem Menschen von Gott als Prüfung geschickt, aber auch Ungehorsam gegenüber dem Schöpfungswillen Gottes, worunter er vor allem Entscheidungen gegen das eigene Gewissen verstand.

Entsprechend den fünf Krankheitsursachen gab es für Paracelsus auch fünf Hauptwege der Heilung:

● Den natürlichen Weg, nämlich die Anwendung der Naturkräfte im weitesten Sinn: Wärme- und Kältereiz, Klima-Kur, gesunde Speisen, Heilkräuter.

● Den spezifischen Weg, nämlich die Anwendung eines aus der Erprobung hervorgegangenen Heilmittels gegen eine ganz bestimmte Krankheit, also das Schmerzmittel gegen Kopfschmerzen, das Abführmittel gegen Verstopfung, das Kreislaufmittel gegen Kreislaufstörungen.

● Den »charakteralen« Weg, darunter verstand er die Heilung durch suggestive Beeinflussung, durch positive Beeinflussung des Kranken, der »aufgerichtet«, also charakterlich verändert wird.

● Den geistigen Weg, nämlich die Geistheilung, die Heilung durch Segenswünsche, gute Gedanken.

● Den Glaubensweg, gemeint ist die eigentliche »Wunderheilung«, wie sie Jesus und seine Apostel vollbrachten: »Wer der Wahrheit glaubt, wird gesund!«

Der vielleicht wichtigste Satz in den Schriften des Paracelsus aber lautet: »Wer die Heilkräfte der Wurzeln und Kräuter kennt, ist ein Mensch. Wer die des Wassers und des Feuers kennt, ist ein Dämon. Einer, der die Kraft des Gebetes zur Heilung einzusetzen vermag, ist ein Prophet. Wer aber über den Geist Bescheid weiß, der ist ein Gott.«

Er selbst kannte sich bestens aus in der Anwendung von Pflanzen und Wurzeln. Er war als Alchimist seiner Zeit weit voraus und schuf mit »Feuer und Wasser« Medikamente, die so vortrefflich wirksam waren, dass man ihn für einen Zauberer hielt. Wo es am Platze und hilfreich sein konnte, setzte er Gebet und persönliche Zuwendung als Heilmittel ein. Seine größten »Wunder« aber vollbrachte er ohne Pflanzen, ohne Quecksilber und Goldpräparate und ohne Gebet. Er entfachte in den Patienten den Lebenswillen. Er überzeugte sie von der grenzenlosen Mächtigkeit der Heilkraft im eigenen Leib. Er weckte die »Lebensgeister«, und darunter verstand er etwas, das leibhaftig Gestalt annehmen konnte.

Paracelsus hätte heute nichts einzuwenden gegen einen Arzt oder Heilpraktiker, der sich ganz auf Naturheilwesen eingerichtet hat. Er würde den Akupunkteur ebenso anerkennen wie den Chiropraktiker, den Homöopathen wie den Frischzellentherapeuten. Er fände ganz zweifellos anerkennende, lobende Worte für die so genannte Schulmedizin und würde auch die Chemotherapie keineswegs von Grund auf verdammen. Als Chirurg hat er seine medizinische Laufbahn begonnen. Er wäre begeistert von den modernen Möglichkeiten, die uns heute gerade auf diesem Gebiet der Medizin zur Verfügung stehen.

Doch gegen zwei Eigenheiten moderner Heilkunst, wie immer sie aussehen mag, hätte er ganz bestimmt sehr viel einzuwenden: Er würde einerseits auf das Strengste verurteilen, dass jemand seine Heilkunst als die einzig wahre und hilfreiche anpreist. So meinte er beispielsweise: Wer sich mit Kräutertee und Pflanzenextrakten begnügt, der benützt unvollkommene »Rohstoffe«, die bald zu schwach, bald giftig sind. Der Mensch ist aufgerufen und dazu bestimmt, aus dem angebotenen Grundmaterial ein »Kunstwerk« zu schaffen, nämlich Medikamente zu bilden. Die »Rohstoffe« müssen veredelt werden. In den Naturheilweisen allein kann also das Heil ebenso wenig liegen wie in den vielen anderen Methoden, solange sie isoliert und ausschließlich angewendet werden.

Der zweite Vorwurf wäre noch gewichtiger: Paracelsus würde bemängeln, dass so ziemlich alle Heilmethoden unserer Tage nur die momentane Besserung, die möglichst rasche Befreiung von Beschwerden, Störungen und Schmerzen im Auge haben – nicht aber die eigentliche Heilung, die Wiederherstellung der verloren gegangenen Harmonie, das Finden der rechten Einstellung zum Leben.

Wenn man sich heute mit Heilrezepten des Paracelsus befasst – es ist uns eine Fülle solcher Rezepte in seinem umfangreichen Werk erhalten, die »ewige Jugend, Schönheit und Heilung« versprechen –, sollte man nicht nach »Wundermitteln« suchen, die womöglich besser und wirksamer sind als das, was heute die Apotheken anzubieten haben. Die meisten »Rezepturen«, so darf man annehmen, stammen sowieso nicht von Paracelsus selbst. Sie sind eine Auslese aus der riesigen Fülle, die er während seines unsteten Wanderlebens zusammengetragen hat. Mancher Tee dürfte schon Jahrtausende alt sein, manches Pulver auf assyrische, babylonische, ägyptische, altrömische Heilkunst zurückgehen. Paracelsus hat alles, was er unterwegs fand, geprüft, das Heilsame weiterempfohlen, ohne die »Quellen« anzugeben.

Dazu kommt: Wohl die meisten Rezepte des Paracelsus sind heute kaum mehr anwendbar. Entweder enthalten sie Zutaten, die nicht mehr beschafft werden können – oder sogar unter das Rauschmittelgesetz fallen –, oder sie sind überholt und durch bessere Medikamente ersetzt. Paracelsus hat noch nichts gewusst von Penicillin, doch ihm war bekannt, dass manche Schimmelpilze heilsam sind – womit er die Urform der Penicilline in Händen hielt.

Es wäre töricht, statt der dosierten, gereinigten, genormten Antibiotika Schimmel zusammenzukratzen.

Pest-Trank zur Stärkung der Abwehrkräfte

Um ein Beispiel seiner Rezepte anzuführen: Ein typisches Heilmittel gegen Infektionskrankheiten aller Art ist sein »Pest-Trank«. Paracelsus schreibt:

> »So soll der Trank hergestellt werden, durch den
> die Krankheit im Schweiß ausgetrieben wird.
> Man nimm:
> – einen guten Brandwein ... ein Maß
> – einen guten Tiriak ... zwölf Lot
> – Myrrhen ... vier Lot
> – Thunfisch-Roggen ... ein Lot
> – Tonerde ... ein Lot
> – Schwalbenwurz (St. Lorenzkraut) ... zwei Lot
> – Diptam ... ein halbes Lot
> – Bibernel ... ein halbes Lot
> – Baldrian Wurzel ... ein halbes Lot
> – Gaffer (Kampfer) ... ein Quint
> Die Zutaten werden gut durcheinander gemischt,
> in ein sauberes Glas gegeben. Man lässt es acht
> Tage lang an der Sonne stehen. Wenn man krank
> ist oder sich schwach fühlt, nimmt man davon, je
> nach Zustand, einen halben oder einen ganzen
> Löffel voll. Dann legt man sich ins Bett und deckt
> sich gut zu. Sechs Stunden lang soll nichts
> gegessen und nichts getrunken werden.«

So ähnlich haben unsere Großmütter noch »Fiebermittel« selbst hergestellt, Kräuterliköre, die dem Körper die nötige Kraft vermitteln sollten, mit einem Krankheitserreger fertig zu werden. Wer heute diesen Trank herstellen will, sollte sich mit einem Apotheker in Verbindung setzen, der die Bestandteile zusammenstellt. Wahrscheinlich hat er aber ein fertiges Mittel, das ziemlich genau auf dieser Anweisung basiert.

Das Verjüngungs-Elixier

Ein Rezept, das, wie Paracelsus sagt, die Jugendkraft erhält und den »inneren Heilmeister« kräftigt, besteht aus Heublumen, den Blättern der schwarzen Nieswurz, Spuren von Gold und Perlen sowie der Essenz von Safran, Schöllkraut und Melisse.

> *»Ein Teil Heublumen wird mit 5 Teilen der getrockneten Blätter der schwarzen Nieswurz zu Pulver zerstoßen und vermischt. Dazu kommen winzige Spuren von Goldstaub und einer fein zermahlenen Perle (oder Gold und Perle gelöst, wie beispielsweise in homöopathischen Verdünnungen). Schließlich wird das Ganze zu je 2½ Teilen Essenzen von Safran, Schöllkraut und Melisse verrührt und in Gläsern aufbewahrt. Man nimmt davon täglich einen halben Teelöffel voll in einem Schluck Wein gelöst.«*

Da es sich bei diesem Rezept nicht um irgendein Mittel gegen ein Leiden handelt, sondern um ein Lebenselixier, das langes Leben garantieren soll, sind in jüngster Zeit darüber umfangreiche und intensive Untersuchungen angestellt worden. Man hat die einzelnen Bestandteile gründlichst analysiert und in ihnen nach Wirkstoffen gefahndet. Es wurden auch Tierversuche durchgeführt, um einen Hinweis zu finden, ob der Trank tatsächlich das Leben verlängern kann.

Dabei glauben Wissenschaftler herausgefunden zu haben, dass das Verjüngungselixier des Paracelsus mit hoher Wahrscheinlichkeit unter anderem vorbeugend gegen bösartige Geschwülste wirkt, dass es die Knochen stärkt und den Körper ganz allgemein von Schlacken frei hält.

Die Wissenschaftler haben auch versucht, dem Rezept eine moderne Fassung zu geben. Die sieht dann so aus:

Florum gramin. spag. Ess. 40 ml
Hellebori nig. spag. Ess. 200 ml
Solut auri colloid 1% aquos.
Essentiae perlar. aa 20 ml
Croci spag. Ess.
Chelidonii spag. Ess.
Melissae spag. Ess. aa 25 ml.

Dieses Rezept kann jeder Apotheker herstellen. Wer selbst so etwas versuchen wollte, müsste sich nach sogenannten spagyrischen Essenzen erkundigen.

Anzumerken gilt noch: Paracelsus hat das Gold, das heute beispielsweise in manchen Rheumamedikamenten verwendet wird, zu einem so genannten aurum potabile gelöst, einem flüssigen Gold. Man hat zu seiner Zeit auch Goldstücke angefeilt und das Pulver in das Medikament gegeben.

Die Perlen zerstampfte Paracelsus im Mörser. Dann schüttete er Essig darüber und ließ das einen Monat lang stehen. Danach wurde der Perlen-Satz in frischem Essig gekocht, bis alle Flüssigkeit verdampft war, schließlich in destilliertem Wasser gelöst.

Sein Jugendelixier empfahl Paracelsus allen Männern und Frauen ab dem 50. Lebensjahr.

Melisse gegen Depressionen

Ein ganz anderes, höchst einfaches Rezept gegen die »unerklärliche Traurigkeit« ist geradezu typisch für die Heilkunst des Paracelsus. Depressionen, so sagte er, kommen von der »schwarzen Galle« – griechisch: Melancholie!

Sein Mittel dagegen: Melisse: »Sie vertreibt alles Leid, das von der Melancholie herkommt, und macht heitere Träume!«

Zwei seiner Melisse-Rezepte:

»Frische Melissenblätter werden fein zerschnitten und über den Salat gestreut.
Und: Melissenblätter werden im Schatten getrocknet und dann zu einem Pulver zerrieben (wobei man darauf achten muss, dass die Melisse niemals mit einem Metallgefäß in Berührung kommt). Das Pulver, etwa eine Handvoll, kocht man in einem Liter Wein so lange, bis dieser etwas eingedickt ist. Der Wein wird dann gesiebt und in eine Flasche mit dunklem Glas abgefüllt. Man trinkt davon täglich einen Teelöffel voll.«

(Melissengeist kann man heute überall bekommen.)

Kamillen gegen Kopfschmerzen und Migräne

Paracelsus scheint auch schon gewusst zu haben, dass die meisten Kopfschmerzen aus Verspannungen und Verkrampfungen resultieren. Deshalb empfahl er als sofort wirksames Heilmittel Kamillen-Umschläge:

»Kamillenblüten werden zu Pulver zerstoßen und mit derselben Menge Gerstenmehl vermischt. Hinein gibt man noch ein paar Tropfen Kamillenöl. Dann kocht man die Mischung in nicht zu viel Wasser, bis ein Brei entstanden ist. Ihn streicht man warm, aber nicht zu heiß auf ein

Tuch und legt dieses auf Stirn und Schläfen,
gegebenenfalls auch in den Nacken.«

Eine Abwandlung dieses Mittels zur leichteren Anwendung:

> *»Zwei Handvoll Kamillenblüten werden in einem*
> *halben Liter Wein, verdünnt mit ebenso viel*
> *Wasser, kurz aufgekocht. Dann gibt man ³/₈ Kilo*
> *frische Butter hinein und lässt das Ganze so lange*
> *weiterkochen, bis die Flüssigkeit fast völlig*
> *verdampft ist. Der Satz wird durch ein Leinentuch*
> *fest ausgepresst, wobei man eine Salbe erhält, die*
> *sich, gut verschlossen, aufbewahren lässt, um bei*
> *Kopfschmerzen leicht eingerieben zu werden.«*

Solche Rezeptbeispiele zeigen: Man kann sich durchaus mit sehr einfachen Naturheilmitteln helfen. Wer sich ein bisschen auskennt, der vermag seine Lebensqualität zu verbessern – und das ohne jedes Risiko und meistens auch auf höchst einfache und unbeschwerliche Weise. Doch letztlich ging es Paracelsus nicht um solche Rezepte, sondern um das eigentliche Lebensrezept: Finde dich zurecht in der Schöpfung, werde heimisch an dem Platz, an den du dich gestellt siehst.

Man hat sich oft und ausgiebig darüber lustig gemacht, dass Paracelsus seine Patienten – je nach Krankheit – vornehmlich an bestimmten Wochentagen behandelte. Er richtete sich nach dem »regierenden Stern«. Magen und Milz wurden am Samstag, dem Tag des Saturn, kuriert, die Galle am Dienstag, dem Tag des Mars, Gehirn und Drüsen am Montag, dem Tag des Mondes, Lungen und Nieren am Mittwoch, dem Tag des Merkur, Unterleib und Geschlechtsorgane am Freitag, dem Tag der Venus, und das Herz am Sonntag, dem Tag der Sonne.

Das klingt in der Tat absonderlich und erinnert an magischen Zauber oder an abergläubische Astrologie. Doch diese Zuordnung der menschlichen Organe zu »Planeten« war nichts anderes als die Annahme, dass alles Leben einen getreuen Spiegel der Schöpfung darstellt. Solche Vorstellungen waren für Paracelsus selbstverständlich. Er wusste: Alle Prozesse in unserem Körper, von der Verwertung der Nahrung bis hin zu höchst komplizierten Heilvorgängen, werden nicht von unserer Einsicht oder von unserem Willen gesteuert, sondern von einer »Intelligenz«, die viel mehr weiß, als der Mensch jemals begreifen wird. Würde das Leben des menschlichen Körpers nicht »von selbst« funktionieren, müssten wir dazu Befehle erteilen oder Entscheidungen treffen, hätten wir nicht die geringste Chance, auch nur eine einzige Sekunde zu überleben.

Die »innere Intelligenz« aber, die unser angelerntes Wissen so weit übersteigt, konnte nach Paracelsus' Vorstellung nur göttlichen Ursprungs sein – ein Teil des Himmels in uns, ein Spiegelbild des göttlichen Firmamentes.

So ist es zu verstehen, wenn er von den »Sternen in uns« spricht. Den Gesetzen dieser »inneren Sterne« nun, so sagte er, ist jedoch nur der Körper unterworfen. Verstand und Wille können ihnen trotzen, sie sogar beherrschen. Dieser Zwiespalt aber ist seiner Meinung nach die Ursache für viele Krankheiten: Die Gedanken können falsch, störend, krank machend auf die Natur einwirken. Jeder noch so beiläufige Gedanke kann ein Leiden auslösen. Gesundheit und Heilung sind also nur dort möglich, wo das »Firmament des Geistes« mit den »Sternen in uns« in Einklang stehen. Geist und Natur dürfen sich nicht gegenseitig befehden. Sie müssen sich ergänzen, veredeln, vervollkommnen.

Ganz einfach ausgedrückt: Trübe, ängstliche, sorgenvolle Gedanken behindern die natürlichen Heilkräfte und machen krank; hoffnungsfrohe, zuversichtliche, heitere Gedanken heilen und halten gesund.

Um das Jahr 1530 schrieb Paracelsus folgende Sätze, die man sich einprägen sollte:

»Um von den Krankheiten zu sprechen, die aus der Verzweiflung entstehen, die so zahlreich, vielgestaltig und unterschiedlich ausge-

119

prägt sind, dass man sie nur schwer erkennen kann – es sei denn, es gäbe einen äußeren Anlass für sie, so dass man weiß, woher sie kommen:

Gott hat einem jedem sein Gewissen gegeben als sein persönliches Eigentum. Darin besitzt der Mensch alles, was er braucht an Vernunft, Weisheit und dergleichen, an Frömmigkeit, Redlichkeit und dergleichen. Damit sollte sich der Mensch nun begnügen und nicht weiterforschen und weiterfragen.

Wer damit aber nicht zufrieden ist, sondern Besseres und Anderes sein möchte, der fängt an zu zweifeln – und fällt schließlich in Verzweiflung. Er wird mit sich selbst uneins. In dieser Situation der inneren Zerrissenheit ist er unterworfen allen Geistern und satanischen Gespenstern, allen fliegenden Phantasien (Wahnvorstellungen) und allen leichtfertigen Dingen. Und er wird diesen Wahnvorstellungen selbst immer ähnlicher. Das ist eine schwere und schlimme Krankheit, die lange dauert. Die Kranken enden auf die merkwürdigsten Todesarten oder siechen elend dahin. Denn sie wandeln nicht auf den Weg Gottes, der ihnen vorgezeichnet war.«

Ein Paracelsus-Interpret unserer Tage nennt diese Darstellung »eine der frühesten Dokumentationen zur Geschichte der Psychiatrie und Psychopathologie«.

Für Paracelsus und seine Zeitgenossen war es selbstverständlich, sich die Welt erfüllt von guten und bösen Geistern vorzustellen, die massiv in das Leben des Menschen eingreifen, sobald ihnen dieser eine Möglichkeit dazu verschafft. Paracelsus meinte, wir würden die Allmacht Gottes doch ganz beträchtlich schmälern, wollten wir annehmen, er hätte nur uns Menschen als einzige vernunftbegabte Wesen geschaffen. Nein, wir seien lediglich die einzigen in der sichtbaren Welt. Die Erfahrung aber lehre, dass die unsichtbare Welt mit vielen verschiedenartigen Geistern erfüllt sein müsse. Das stimme auch überein mit der Heiligen Schrift, in der von »Engeln, Mächten, Thronen und Gewalten« die Rede ist. Geister also, von Gott geschaffen – den Menschen zur Hilfe und zur Prüfung. Engel und Teufel.

Daneben gibt es nach der Vorstellung des Paracelsus aber auch Geister, die der Mensch selbst hervorbringt: Jedes Wort, jeder Gedanke, jede Regung der Liebe und des Hasses können zu einem eigenen Wesen werden, das gegenwärtig bleibt, fortexistiert und Macht und Einflussmöglichkeiten besitzt. Alles, was der Mensch sich vorstellt, ist wie ein Same. Je mehr das Bild ihn beschäftigt, je intensiver er darüber »brütet«, desto leibhaftiger nimmt es Gestalt an. Schließlich beginnt es zu leben, wenn es von einem starken Wunsch »beseelt« wird.

Ersetzt man das Wort »Geister« etwa durch das Wort Energien, stimmt das alles mit modernsten Einsichten der Physik überein: Keine Energie geht jemals verloren. Spricht man nicht von »Geistern«, sondern von magischen Seelenkräften, ist man bei Heilslehren, wie sie Leute wie J. Murphy in unseren Tagen vertreten.

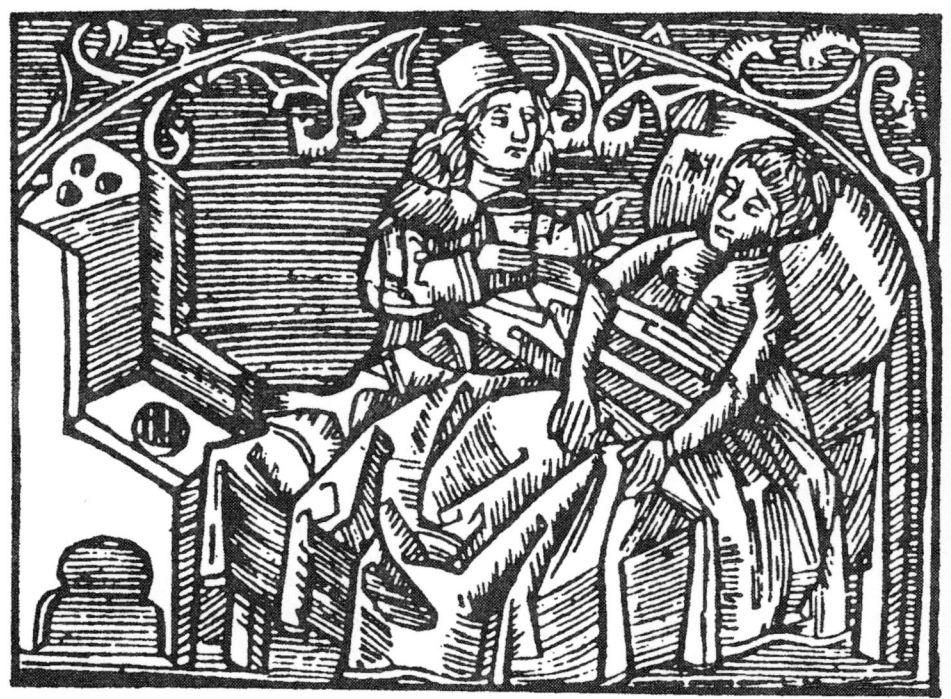

Einnahme von Medikamenten

Geist und die Fähigkeit freier Entscheidung verstoßen aber nicht nur mit falschem, negativem Denken gegen die Natur, sondern auch, wenn sie zur Verletzung der natürlichen Lebensrhythmen verführen.

Dieses Wissen gehört nach Paracelsus unbedingt hinzu: Keiner kann jederzeit, ohne Rücksicht auf Uhrzeit, Tageszeit, Jahreszeit, Höchstleistungen vollbringen. Alles, was lebt, braucht neben Zeiten der Entfaltung auch Ruhe- und Erholungsphasen. Und dieses Auf und Ab muss man kennen, will man gesund bleiben.

So wetterte der Arzt des 16. Jahrhunderts bereits gegen die Praxis seiner Kollegen, Medikamente nach der Formel »1 mal täglich« zu verschreiben. Er hatte erfahren, dass die Arzneien in frühen Morgenstunden ganz anders wirken als mittags oder abends, weil sie der Körper, je nach seiner Verfassung, anders aufnimmt und anders auf sie reagiert. Eine Einsicht, die ebenfalls erst in unseren Tagen durch exakte Erforschung unserer »inneren Uhr« bestätigt werden konnte: Nach fest fixiertem Rhythmus verändern sich Körpertemperatur, Leistungsfähigkeit, Empfindlichkeit gegenüber Reizen, Stoffwechselprozesse und viele andere Dinge. Selbst schädliche Strahlen kann der Körper in den Morgenstunden weit besser verkraften als am Abend. In Tierversuchen ist mehrfach nachgewiesen worden: Strahlenmengen, die morgens nicht viel mehr als eine vorübergehende Übelkeit verursachen, können abends tödlich wirken.

Ähnlich ist es mit der Wirksamkeit von Medikamenten: Insulin zum Beispiel wirkt umso stärker, je früher am Tag es gespritzt wird. Gerade der unterschiedlichen Wirkung zu verschiedenen Zeiten wegen legen die Ärzte so großen Wert darauf, dass immer zur selben Zeit gespritzt wird.

Das Hormon Cortison, das gegen Entzündungen und Schmerzen vor allem bei Rheuma angewendet wird, sollte am besten morgens zwischen sechs und acht Uhr gegeben werden, weil dann wiederum die Wirkungen am stärksten, die Nebenwirkungen am geringsten sind.

Herzpatienten, die Saluretika einnehmen müssen, also Mittel, die das Wasser aus dem Körper schwemmen, vertragen diese am besten in den Abendstunden.

Paracelsus hat schon für jedes seiner Medikamente den richtigen Zeitpunkt der Anwendung herauszufinden versucht. Und er hat ein Schema erarbeitet, das ein gesundes Leben garantieren sollte: Um 9 Uhr morgens ist der Augenblick der Höchstleistung gegeben. Von dieser Stunde an beginnt die Vitalität bereits wieder abzusinken. Nachmittags um 15 Uhr wechselt der biologische Rhythmus von der aktiven Phase in die Erholungsphase über, abends um 21 Uhr befindet er sich auf dem absoluten Nullpunkt. Das heißt: Wer etwas besonders Schwieriges leisten oder seinem Körper zumuten muss, der muss das unbedingt vor 15 Uhr nachmittags erledigen. Paracelsus hat vor allem ältere Menschen dringend davor gewarnt, am späten Nachmittag noch anstrengende Vorhaben anzupacken. Ein solcher Verstoß gegen den natürlichen Rhythmus raube dem Körper Kräfte in übergroßem Maß. Die wichtigste und kräftigste Mahlzeit müsse am frühen Vormittag eingenommen werden. Abends dürfe nur sehr sparsam und leicht gegessen werden, nach 21 Uhr überhaupt nicht mehr. Der Körper könnte mit der zugeführten Nahrung doch nichts mehr anfangen und würde nur übermäßig belastet und vergiftet.

Noch ein letzter wichtiger Hinweis: Vielleicht gerade weil er selbst zeitlebens heimatlos gewesen ist und sich nirgendwo zu Hause fühlen durfte, sprach Paracelsus, ebenso wie sein Zeitgenosse Michel Nostradamus, immer wieder von der unschätzbaren Heilkraft der Heimat, der Früchte und Quellen des Heimatbodens:

> *»Wenn du dich nicht mehr wohl fühlst, ermattest, kraftlos geworden bist, dann kehre heim an den Geburtsort, und wäre es nur für eine kurze Erholungspause. Jener Ort, dem du selbst entstammst, ist wie eine natürliche Vorratskammer, die alles enthält, was du zur*

Gesundung brauchst. Nirgendwo sonst kannst du
so rasch und so ausgewogen das natürliche
Heilmittel finden in allem, was du einatmest und
isst und trinkst ...«

Das wäre nach der Einordnung des Menschen in die natürlichen Zeitrhythmen seine räumliche Einordnung: Die Natur hat dich hervorgebracht. Weil du ein Stück von ihr bist, ist sie zugleich die Quelle, aus der du Gesundheit schöpfen kannst. Doch da die Natur an jedem Ort der Erde anders ist, ist die heilkräftigste Natur die deiner Heimat.

Hierbei geht es nicht nur um die Heilkräuter, von denen Paracelsus ganz selbstverständlich annahm, dass sie jeweils genau auf die Bedürfnisse der Einheimischen abgestimmt sind:

»Es wächst das Kraut, das den heimischen Übeln abhelfen kann!« Nein, es geht um das Essen und Trinken in der Heimat, um die Luft, Luftdruck und Klima der Heimat, um die Umwelt ganz allgemein: Ich bin so, wie ich bin, nur geworden, weil diese und keine anderen Faktoren beteiligt waren.

Wenn in früheren Zeiten ein Kind seine Heimat verlassen musste, dann hat ihm die Mutter einen Laib selbstgebackenes Brot mitgegeben und immer wieder nachgeschickt. Dieses Brot sollte nicht nur die Verbindung zur Heimat herstellen, es war zugleich ein Stück Heimat – und somit Medizin.

Vielleicht sollten wir uns heute bei der Urlaubsgestaltung an diese alte Weisheit erinnern. Einmal nicht unbedingt die Ferne und das Exotische suchen, sondern das, was gesund macht, die verlorene Heimat. Gleichzeitig gälte es aber auch daran zu denken: Der einfache Apfel von daheim ist viel gesünder als die schönste und gesündeste Orange aus Südamerika oder die Kiwifrucht aus Australien!

Der amerikanische Arzt Dr. William J. Goldwag hat diese Erfahrung des Paracelsus einmal so formuliert: »Wer immer zum ersten Mal den Satz ausgesprochen hat: ›Man ist, was man isst‹, der hätte treffender sagen sollen: ›Man ist, was man isst, wo man isst, mit wem man isst, was man sieht und hört, während man isst, was man beim Essen denkt und was man dabei fühlt und empfindet.‹«

»Geht abends nicht aus, um irgendwo bei unbekannten Leuten zu essen, sondern bereitet euch euere Mahlzeiten selbst. Denn ihr wisst ja nicht, ob der Koch das Essen frohen Herzens zubereitet hat.

War er nämlich wütend, verärgert, deprimiert oder gar hasserfüllt, dann hat sich diese negative Kraft auf die Speisen übertragen – und ihr nehmt sie mit dem Essen auf. Und hinterher wisst ihr nicht, warum ihr plötzlich verstimmt oder gar krank seid. Wenn ihr euer Essen selbst kocht, dann singt dabei ein frohes Lied. Denkt an etwas Erfreuliches. So könnt ihr das Mahl mit positiver Lebenskraft anreichern.«

Michel Nostradamus

(1503–1566)

»Wer gesund sein will, muss in der Schöpfung heimisch werden!«

Oktober 1564

In der mittelalterlichen Stadt Salon-de-Provence herrscht helle Aufregung. »Der König kommt!« Einer ruft es dem anderen zu. Frankreichs jugendlicher Herrscher Karl IX. ist mit seiner Mutter, Königin Katharina von Medici, von Paris aufgebrochen, den unbedeutenden Ort nahe der Mittelmeerküste zu besuchen. Das ist der größte Tag in der Geschichte von Salon-de-Provence. Und eine Sternstunde für die Menschheit.

Bericht auff dis neben gestelt bilde / von wegen des Aderlassens / welche

Ader / vnd wo man die selben/in zeit der Pestilentz/ nach jedes malns der fürgefallen note gelegenhait/ zulassen pflegt / vnd lassen soll.

DER Buchstab (A.) bedeut die haupt Adern / zu Latein Cephalica genant / die sol man lassen / wie die gestelt Bildtnis zuerkennen gibt / vom zwischn den daumen vnd zeiger / oder auff dem arm / wo man wil / wenn einem ein peul / am haubt / bey den oren auffert / Doch also / so der Peul auff der rechten seitten ist / dz also das dise ader auff derselben seiten gelassen werde / ist er aber auff der lincken seitten / So muss man dieselbig aber auff der lincken seiten lassen /

DER Buchstab (B.) bedeut die leber ader / zu Latein Hepathica genant / die sol man lassen / zwischn dem kleinen finger vnd negsten daher / man mag sie auch wol auff dem Arm lassen / Wann ein Peul an der rechten seitten / am hals oder bey den schultern auffert /

DER Buchstab (C.) bedeut die miltz ader / zu Latein Salvatella genant / Die soll gelassen werden / auff der lincken seitten / bey dem kleinen finger wie obstet / Wenn einem ein Peul / auff derselben seitten am hals / oder bey den schultern auffert / mag aber auch wol am Arm gelassen werden /

DER Buchstab (D.) bedeut die Lung ader / zu Latein Mediana genant / die lest man auff dem rechten Arm / Wenn einem ein Peul auff der rechten seitten vnder der uchsen auffert / feret aber einem ein Peul / vnder der lincken uchsen auff / so sol man dise Ader / auff dem lincken Arm lassen.

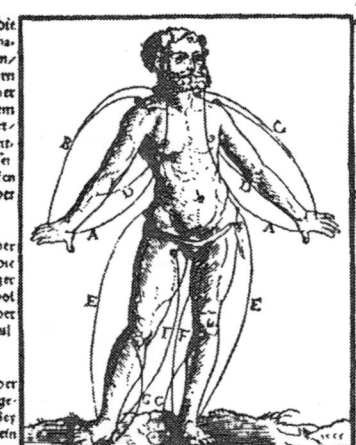

DER Buchstab (E.) bedeut die gicht ader / zu Latein Schiatica genant / Die sol man lassen / auff der rechten seitten / ausser des fues / vnder dem knoden / Wenn einem ein Peul auff der rechten Tich auffert / Do aber einem ein Peul auff der lincken Tich auffert / So sol man dise aber / auff der lincken seitten auch ausser des fues / vnder dem knoden geschlagen werden /

DER Buchstab (F.) bedeut die frawen od rosz ader / zu Latein Saphena genant / dise lest man auff der rechten seitten / vnder dem knoden inwendig des fues / so ein Peul / neben dem gemecht / auff der rechten seitten auffert aber der Peul / auff der lincken seitten / bey den gemecht auff / Alsdam lest man dise ader auch vnder dem knoden / des lincken fues inwendig /

DER Buchstab (G.) bedeut die brandt oder ruckader / zu Latein popletica genant / Dise ader lest man auff der rechten seitten / bey der grossen zehen / Wann ein Peul auff der rechten seitten / vnder dem knie auffert / feret aber der Peul vnder dem lincken knie auff / So sol man dise aber bey der grossen zehen des lincken fues lassen.

O sich aber jemants besorgt / ehe jme ein Peul auffert / der sol vnd mag / jme die leber ader schlagen / vnd wol lauffen lassen.

Jungen leuten vnter 11. jaren / vnd alten vber 70. jaren / auch schwangern frawen / mag man an stat der Aderlass köpffel setzen / als an stat der haupt ader / zwen köpffl hinden an den hals / an stat der Mediana / auff die schuldern / an stat der leber ader / auff die kniebugen oder arsz backen / vnd wol sticken lassen das viel bluts herauffget.

Gedruckt zu Regenspurg durch Hansen Khol.

Behandlung der Pest durch Aderlass. Holzschnitt von 1555.

Das einzige Ziel der königlichen Reise ist eine Begegnung mit Michel Nostradamus. Doch die Königsfamilie hat den weiten Weg nicht gemacht, um nur den berühmten Seher und Astrologen zu konsultieren. Sie erwartet gewiss auch Vorhersagen über die Zukunft, über Schicksale, drohende Katastrophen. Sie kommt nicht zuletzt zum Arzt. Und der ist nicht weniger berühmt als der Prophet. Die Tatsache, dass man ihn nicht nach Paris gerufen hat, sondern eigens zu ihm reist, zeigt das hohe Ansehen des Mannes, der in jungen Jahren schon – und das gleich zweimal, 1529 und 1546 – zum Besieger der Pest und damit zum gefeierten Helden Südfrankreichs geworden ist. Die Ärzte und Professoren hatten sich beim

Auftauchen der Pest schleunigst in Sicherheit gebracht. Er dagegen, noch Medizinstudent in Avignon und Montpellier, hat sich der entsetzlichen Seuche gestellt und ihr mit ganz neuen, sensationell wirksamen Mitteln und Methoden den Garaus gemacht. Vielleicht wurde Michel Nostradamus damals überhaupt zum Entdecker der vorbeugenden Heilkunde. Er hat nämlich rasch begriffen, dass es nicht ausreicht, die kranken Menschen zu heilen, sondern dass es nötig ist, den gesunden etwas zu geben, das sie vor dem Krankwerden schützt. So entwickelte er vor 460 Jahren schon eine Art Antibiotikum: ein Kräuter-Früchte-Gemisch, das alle Gesunden und Kranken ständig kauen mussten, um sich nicht anzustecken. Eine unvorstellbare Leistung in einer Zeit, in der noch kein Mensch etwas von Bakterien und Viren und anderen Krankheitserregern ahnte.

Katharina von Medici verehrte und bewunderte diesen Mann. Sie war im 16. Jahrhundert neben Königin Elisabeth von England die mächtigste Frau in Europa: Tochter des berühmten Renaissance-Fürsten Lorenzo aus Florenz, Mutter des französischen Königs Karl IX., der zum Zeitpunkt der Reise nach Salon erst 14 Jahre alt war, sodass seine Mutter an seiner Stelle die Regierungsgeschäfte führte; schließlich auch noch Mutter der Königin von Spanien, Elisabeth, Frau des düsteren Philipp II.

Diese Frau weiß, dass Nostradamus eines der größten Genies ihrer Zeit ist. Sie vertraut seiner Heilkunst, weil diese nicht nur großer Erfahrung und der Weisheit von Jahrhunderten entspringt, sondern weil Nostradamus dank seiner ungewöhnlichen Fähigkeiten aus tieferen, untrüglichen Quellen schöpft. Er hat es immer wieder bewiesen: Wenn ein Patient vor ihm steht, dann ist oft keine Untersuchung nötig. Der »Wunderarzt« weiß instinktiv, dank seiner hellseherischen Fähigkeiten, was seinem Gegenüber fehlt. Und ebenso sicher greift er auch nach dem Mittel, das wirklich helfen kann. Michel Nostradamus ist kein gewöhnlicher Mensch. Er ist ein Magier. Einer, den die Inquisition längst als Hexer auf dem Scheiterhaufen verbrannt hätte, wären nicht auch hohe geistliche Würdenträger seine Patienten und würde nicht die mächtige Katharina von Medici ihre Hand über ihn halten.

Es ist wohl so, dass Zeiten des Umsturzes und des Aufbruchs die größten Geister hervorbringen. Nostradamus war in einer solchen Zeitenwende geboren, einem Augenblick, der viele Parallelen zu unseren Tagen aufzuweisen hat: Das christliche Abendland mit seiner festen, umfassenden Ordnung, die Zeit, in der man die mächtigen, eindrucksvollen Dome gebaut hatte, befand sich in totaler Auflösung. Als Nostradamus 14 Jahre alt war, schlug Martin Luther seine 95 Thesen an das Portal der Schlosskirche in Wittenberg und leitete damit die Reformation, gleichzeitig aber auch die Spaltung der Christlichen Kirche ein. Als er in Montpellier die Pest bekämpfte, eine Krankheit, die beinahe die Menschheit ausgelöscht hätte, tobten die Bauernkriege. Die Türken eroberten Belgrad und bedrohten das Abendland (1526), das nicht mehr imstande war, der »heidnischen Gefahr« eine geschlossene Front entgegenzusetzen. Christoph Kolumbus hatte eben eine »neue Welt« entdeckt (1492). Und selbst das bisher so festgefügte Himmelsgewölbe geriet ins Wanken: Noch traute sich keiner, es laut zu sagen, doch viele wussten es schon, was Galilei (1564–1642) bald verkünden sollte: Die Erde ist nicht der Mittelpunkt der Welt, sondern sie dreht sich um die Sonne. Sie ist auch keine flache Scheibe, sondern eine Kugel, nur ein Planet unter anderen Planeten. Die Texte der Bibel sind zumindest in diesem Punkt falsch. Woran konnten die verwirrten Menschen noch glauben? Was durften sie erhoffen? Europa schlitterte unaufhaltsam auf die schlimmste und unheilvollste Katastrophe seit Christi Geburt zu: In Frankreich standen die blutigen und über 200 Jahre sich hinziehenden Hugenottenkriege bevor (1562–1789), Deutschland stand vor dem 30-jährigen Krieg (1618–1648).

Michel Nostradamus musste »das Tragische und Wunderbare«, das auf die Menschen zukam, wie er es einmal ausdrückte, besonders deutlich empfinden; er trug ein reiches und schweres Erbe in seinem Blut. Die Vorfahren väterlicherseits gehörten zum jüdischen

130

Stamm Isaschar, aus dem eine Reihe der bedeutenden alttestamentarischen Propheten hervorgegangen ist. Man könnte ihn deshalb direkt als Erben der alten Propheten bezeichnen. Als Seher war er zweifellos erblich belastet. Großvater und Urgroßvater haben sich als Ärzte und Magier betätigt, waren Meister der Kabbalistik und pflegten gute Kontakte zu arabischen Weisen.

Erst der Vater des Michel Nostradamus, der Notar Jacques Nostradamus, war zum katholischen Glauben übergetreten. Weil die Taufe in einer Kirche »Unserer lieben Frau«, Notre-Dame, vollzogen wurde, nannte sich die Familie de Notredame, oder eben, der Zeitmode entsprechend, latinisiert Nostradamus. Die Mutter, Renee de St. Remy, stammte aus vornehmem Adelsgeschlecht. Auch ihre Ahnen sind Ärzte und Mathematiker gewesen. Als Mathematiker aber bezeichnete man damals jene Wissenschaftler, die den Lauf der Gestirne berechnen konnten, also die seriösen Astrologen. Von seinem Großvater Johann de St. Remy, bei dem der kleine Michel eine Zeit lang lebte, hat er die Liebe zu den Sternen und die Meisterschaft in der Astrologie mitbekommen. Prophetie, Magie, Astrologie und Medizin – das waren die vier großen Grundpfeiler seines Wissens. Eine Kunst ist bei ihm ohne die andere nicht denkbar.

Michel Nostradamus wäre vielleicht – trotz aller Voraussetzungen – ein gutbürgerlicher, unauffälliger Arzt geworden, hätte ihn nicht ein hartes Schicksal heimgesucht: Vermutlich während einer Diphterie-Epidemie, gegen die es seinerzeit kein Mittel gab, verlor er in Agen an der Garonne, wo er sich 1530 nach seinem Studium als praktischer Arzt niedergelassen hatte, seine Frau und beide Kinder. Das erschütterte selbstverständlich das Vertrauen seiner Patienten in seine »Wunderheilkraft«. Nostradamus selbst war so tief betroffen, dass er seine Praxis schloss und sich auf Wanderschaft begab. Ähnlich wie sein Zeitgenosse Paracelsus, der ihm später in Salon einmal begegnet sein dürfte, reiste er durchs Land, heilte für einen Teller Suppe, wo sich gerade eine Gelegenheit ergab, schmökerte in Klosterbibliotheken, entlockte Ärzten und Hebammen und Kräuterweiblein ihre Rezepte – immer auf der »Suche nach den Geheimnissen des Lebens«. Er kam durch ganz Europa und wohl auch nach Nordafrika. Als er sich nach drei, vier Jahren in Italien aufhielt, schickte man ihm einen Boten nach, weil zu Hause erneut die Pest wütete. Inzwischen war er ein anderer geworden. Einer, den so leicht nichts mehr erschüttern konnte, der aber durch das erfahrene Leid und die Entbehrungen in der Heimatlosigkeit auch nicht bitter, verschlossen, wortkarg geworden wäre. Der Arzt widmete sich mehr und mehr seinen Prophezeiun-

Vera loquor, nec falsa loquor, sed munere cœli
qui loquitur DEUS est, non ego
NOSTRADAMVS.

Der Arzt und Prophet
Michel Nostradamus
in seinem Studierzimmer

132

*Wasser. Darin wird die Rosenblätter-Creme drei
Stunden lang gekocht. Dann lässt man den Inhalt
des Glases, noch heiß, durch ein Leinentuch
rinnen.*

*Sie können sicher sein, dass Sie nun die
vorzüglichste Creme besitzen, die Sie sich
vorstellen können. Sie besitzt einen unvergleich-
lichen Duft und unerreichte Wirkkraft. Sollten Sie
irgendwo im Gesicht, auf den Handrücken oder
am Körper Flecken oder Fehler besitzen, dann
streichen Sie einfach ein wenig von der Salbe
darauf. Der Fehler wird umgehend verschwinden,
ohne dass der geringste Schaden erwächst.*

*Aber: Benützen Sie diese Creme sehr sparsam
und nicht regelmäßig, denn sie macht die Haut
eher braun als weiß. Das kommt vom Fett.*

*Um die Wahrheit zu sagen: fettige Mittel lassen
die Haut nicht gerade schön erscheinen, aber sie
halten sie gesund und frisch, speziell an kalten
und regnerischen Tagen bieten sie einen guten
Schutz.*

*Ältere Frauen, die diese Creme zur Pflege der
faltigen und trockenen Haut benützen, werden
damit wieder jünger aussehen. Die junge Frau
kann sich ihre jugendliche Schönheit erhalten und
den frischen und natürlichen Teint.*

*Diese Creme sollte vor allem nach dem Bad und
vor dem Schlafengehen benutzt werden.*

*So, wie diese Creme hergestellt ist, wird sie
niemals ranzig, wie alt sie auch sein mag.«*

So präzise und fachkundig waren die Anleitungen des Michel
Nostradamus.

Dazu muss man vielleicht noch wissen, dass zu seiner Zeit eine sehr helle, fast durchsichtige Haut ein Schönheitsideal war. Braun dagegen galt als gewöhnlich, weil nur jene Frauen gebräunt waren, die in der Sonne arbeiten mussten, während die besonders vornehmen Frauen jeden Sonnenstrahl peinlichst vermieden.

Konfitüre aus Ingwer

Ein Heilmittel, das Nostradamus jungen Frauen empfahl, die »wegen Unterkühlung der Gebärmutter weder Spaß empfinden noch empfangen können« und »älteren Menschen, die übermüdet sind«, ist die Ingwer-Konfitüre:

*»Weißer Ingwer wird in warmem Wasser
eingeweicht. Das Wasser wird drei Tage lang
immer wieder erneuert, das alte aber nicht
weggeschüttet. Man braucht es nämlich später, um
den Ingwer darin zu kochen.
Das ist dann am vierten Tag soweit. Man benützt
immer nur wenig Wasser, bringt den Ingwer darin
zum Kochen, schüttet das Wasser danach weg und
nimmt neues. Bald wird man merken, dass der
Ingwer weich wird. Er muss aber lange und
ständig kochen, damit er seine Schärfe verliert.
Schließlich, wenn er lange genug gekocht hat,
nimmt man den Ingwer heraus, legt ihn in kaltes,
frisches Wasser und wäscht ihn darin, ohne dass
er dabei zerbrochen wird.
Dann lässt man ihn wieder drei oder vier Tage
lang eingeweicht stehen, wobei wieder täglich das
Wasser erneuert wird.
Endlich kocht man den Ingwer in klarem Wasser
mit ein wenig Honig. Wenn er nun schön weich
und lieblich geworden ist, nehmen Sie ihn vom*

146

Feuer und legen ihn auf ein weißes Tuch, mit dem er abgetrocknet wird. Wenn er ganz trocken ist, legen Sie ihn in eine Porzellanschüssel. Dann erhitzen Sie in einer Pfanne Honig, schöpfen den Schaum ab und gießen den heißen Honig über die Ingwerstückchen.«

Die Ingwer-Konfitüre ist fertig. Nostradamus gibt den Rat, sie noch einmal drei Tage lang stehen zu lassen, um zu beobachten, ob sie auch wirklich perfekt geworden ist. Sollte dies nicht der Fall sein, müsste man sie noch einmal kurz aufkochen und dann erst in Gläser abfüllen.

Daran gibt es keinen Zweifel, und wer Ingwer kennt, hat es selbst erfahren: Er schafft tatsächlich im ganzen Bauch ein wohliges Wärmegefühl. In einem alten Heilpflanzenbuch aus dem Mittelalter schon heißt es: »Das Pfefferkraut, schärfer als Pfeffer, erwärmt den Magen, treibt den Harn und vertreibt Weibsbildern ihre Krankheit.«

Früher war es auch üblich, dass Hebammen den schwangeren und gebärenden Frauen Ingwerwurzeln in das Trinkwasser legten. Für die Heilkunst des Nostradamus ist es typisch, dass er Begriffe wie »Gefühlskälte« ganz wörtlich nimmt: Sie kommt von schlecht durchbluteten und deshalb schlecht funktionierenden Unterleibsorganen. Abgeholfen werden kann, indem man vor allem für eine bessere Durchblutung sorgt. Eine Überlegung, die erst in unseren Tagen wieder neu entdeckt wurde!

Der »Jugendtee« aus Kopfsalat

Ein sehr originelles Rezept, das auch der Sammlung der Katharina von Medici entstammt und wohl ebenfalls Nostradamus zu verdanken ist, könnte man als »Anti-Stress-Mittel« bezeichnen. Der Arzt aus Salon-de-Provence sagte, es kräftige die innere Harmonie und erhalte jung:

*»Man gibt einen kleinen Kopfsalat (nur die
gesunden und frischen Blätter) ganz in
ausreichend Wasser und fügt ein paar
Krautblätter hinzu. Das wird auf kleiner Flamme
nur ganz kurz gekocht.
Von diesem Tee trinkt man an jedem Abend vor
dem Schlafengehen ein Glas voll lauwarm ...«*

Kopfsalat ist tatsächlich nicht nur eine wertvolle Vitaminquelle, sondern auch, was heute fast vergessen ist, ein vorzügliches Beruhigungsmittel. Der berühmte Arzt Galenos (129–199 n. Chr.) hat als »Schlafmittel« unmittelbar vor dem Zubettgehen regelmäßig eine Portion Kopfsalat verspeist.

Salat (Lattich) enthält das Lactuin, eine kautschukartige Masse, die ihrer chemischen Struktur nach an Opium erinnert, jedoch den unschätzbaren Vorteil besitzt, dass es nicht abhängig macht, also völlig unschädlich ist. Dieses Lactuin wird heute als krampfstillendes Mittel in vielen Hustensäften verwendet. In Frankreich presst man Kopfsalat-Blätter aus und gewinnt dabei einen Saft, der »Tridace« genannt wird. Man nimmt ihn tropfenweise als Schlafmittel ein.

Daneben ist besonders wichtig, dass Kopfsalat Magnesium enthält. Magnesium ist der natürliche Gegenspieler von Kalk und verhindert Arteriosklerose. Salat kann deshalb auch dem Herzinfarkt und dem Schlaganfall vorbeugen.

Wie man richtig fastet

Für besonders wichtig, weil heilsam, reinigend und entgiftend, hielt Michel Nostradamus das Fasten. »Gesundheit und Jugend«, so sagte er, »hängen unmittelbar mit richtigem Fasten zusammen.« Und so lauteten seine Anweisungen:

»Legen Sie immer dann, wenn der Mond beginnt wieder zuzunehmen, einen Fasttag ein. Essen Sie an diesem Tag nichts, es sei denn einen Apfel, frisch vom Baum gepflückt. Trinken Sie, soweit es möglich ist, nur Quellwasser. Es sollte aber nicht kalt sein, wie es aus dem Boden kommt, sondern man muss es einen Augenblick lang an der Sonne stehen lassen, bis es lauwarm geworden ist. Legen Sie in das Wasser ein paar frische Salbeiblätter oder Pfefferminzstauden. Wenn es sich einrichten lässt, dann halten Sie sich an diesem Tag nicht in Ihrer gewohnten Umgebung auf, sondern gehen Sie irgendwo hin, am besten in die Natur.«

Ein ganzes Paket interessanter Verhaltensregeln. Warum der Fasttag gerade bei zunehmendem Mond eingehalten werden soll, das erklärt er so: Alles was lebt, aber auch die Mineralien, besitzt einen biologischen Rhythmus. Einer Phase aktiver Energie folgt die Phase der Erholung – wie die Nacht dem Tag. Dieser Rhythmus steht aber im Gleichklang mit den Mondphasen. Bei zunehmendem Mond sind Pflanzen saftiger, ist ein Organismus schwungvoller, kräftiger, leistungsfähiger. Wenn der Mond zunimmt, kann man sich mehr zumuten und die Heilpflanzen sind wirksamer.

Das Quellwasser empfiehlt Nostradamus, weil es Mineralien und Spurenelemente enthält. In ihm, so sagt er, sind die Schätze der Heimaterde gelöst – und zwar genau jene, die man braucht, weil man ja, wie die Pflanze und das Tier, hier zu Hause ist.

Der Salbei strafft die Haut und wirkt leicht antibakteriell. Die Pfefferminze regt die Gallentätigkeit an, was besonders beim Fasten sehr wichtig ist.

Und noch ein Tipp für die Tage nach dem Fasten: »Stürzt euch nicht heißhungrig auf das entbehrte Essen, sondern nehmt zunächst nur kleine Portionen zu euch. Als erstes sollte man nach dem Fasten eine Schale frischer Schafsmilch trinken.«

Schafsmilch, nicht irgendeine andere! Ob Nostradamus schon wusste, dass Schafe eine ganz natürliche Abwehr gegen Krebs besitzen? Schafe werden niemals krebskrank. Möglicherweise ist in der Schafsmilch tatsächlich ein Antikrebs-Mittel.

„Jedes wirksame Arzneimittel erregt im menschlichen Körper eine Art von eigener Krankheit, eine desto eigentümlichere, ausgezeichnetere und heftigere Krankheit, je wirksamer die Arznei ist. – Man ahme die Natur nach, welche zuweilen eine chronische Krankheit durch eine andere hinzukommende heilt, und wende in der zu heilenden (vorzüglich chronischen) Krankheit dasjenige Arzneimittel an, welches eine andere, möglichst ähnliche künstliche Krankheit zu erregen imstande ist, und jene wird geheilt werden.«

Christian Friedrich Samuel Hahnemann
(1755–1843)

Similia similibus curentur –
Das Ähnliche wird durch das Ähnliche geheilt.

Österreich 1819

»Ihr könnt mir ja doch nicht mehr helfen, so holt mir endlich diesen Neuerer Hahnemann, was könnte er bei mir noch kaputtmachen?«

Für die zwei Leibärzte des Fürsten von Schwarzenberg könnte es keine schlimmeren Worte geben – den Feind um Hilfe bitten, ihm die eigene Unzulänglichkeit eingestehen zu müssen, das ist verletzender als ein Dolchstoß.

Doch es kommt noch schlimmer: Hahnemann lässt die oberen Herren wissen: »Wollen Sie, mein lieber Fürst, meine Hilfe in Anspruch nehmen, so werden Sie sich zu mir bemühen müssen, soll ich wegen eines Fürsten Hunderten von armen Menschen meine Hilfe verwehren?«

So treten dann schon bald der Fürst, der nach mehreren Schlaganfällen rechtsseitig gelähmt ist, und sein Gefolge die beschwerliche Reise nach Leipzig an. Schon bald nach der Ankunft bessert sich, zum großen Ärger der beiden Hofärzte, der Gesundheitszustand des Fürsten ganz erheblich. Nur eines schafft Hahnemann nicht: dem Fürsten seinen allzu ungesunden Lebenswandel auszutreiben. Aufgrund der Trunksucht des Fürsten lassen sich schon recht schnell keine weiteren Fortschritte mehr erzielen. Hahnemann aber gibt nicht auf. Erneut will er versuchen, den Kranken zu bekehren. Frühmorgens macht er sich auf den Weg ins fürstliche Lager. Schon beim Öffnen der Tür steigt ihm der altverhasste Geruch von Blut in die Nase. »Das ist also der Grund, warum die Heilung nicht fortschreiten kann. Nun denn, so kümmert ihr euch weiter um diesen Kranken, unsere Behandlungsmethoden vertragen sich nicht und wie ich sehe, beharrt ihr weiter auf diesen schlachtrünstigen und auszehrenden Aderlässen. Dafür kann und will ich die Verantwortung nicht weiter übernehmen.«

Hahnemann verweigert dem Fürsten von Schwarzenberg die Weiterbehandlung, dieser stirbt fünf Wochen später, ohne den großen Heiler noch ein einziges Mal gesehen zu haben.

Der Entdecker der Homöopathie, Christian Friedrich Samuel Hahnemann, wurde am 10. April 1755 in Meißen geboren. Er entstammt einer Künstlerfamilie und konnte, trotz der Armut seiner Eltern, dank der Fürsprache eines Professors das heimatliche Gymnasium kostenlos besuchen.

Mit kaum zwanzig Jahren war für den jungen Hahnemann dann klar, wohin ihn sein Weg führen würde. Er übersiedelte nach Leipzig, wo er sich in das Studium der Medizin einschrieb. Um sich seine Ausbildung finanzieren zu können, unterrichtete er nebenbei fünf Sprachen zu gleicher Zeit und begann erstmals seine Sprachbegabung, die ihm noch viel nützen sollte, für medizinische Übersetzungen zu gebrauchen.

Schon recht schnell genügten dem eifrigen Schüler die gegebenen Möglichkeiten nicht mehr, er wollte sich nicht weiter mit theoretischen Abhandlungen beschäftigen, er sehnte sich nach praktischen Studien, nach Erfahrungen mit erkrankten Menschen. Diesen Wunsch konnte er sich aus Mangel an klinischen Einrichtungen in Leipzig nicht erfüllen, und so verließ er schweren Herzens seine geliebte Heimat, um das Angebot Dr. Quarins, des Hofarztes der Kaiserin an einem Wiener Krankenhaus, anzunehmen. Obwohl auch dieser den jungen Samuel unentgeltlich unterrichtete, gingen Hahnemann bald die finanziellen Mittel aus, wiederum musste er schon nach fünf Monaten den Arbeitsplatz wechseln. Auf Empfehlung seines Lehrers Dr. Quarin und aufgrund seiner ausgezeichneten Sprachkenntnisse – Hahnemann sprach und schrieb in dieser Zeit bereits zehn Sprachen und auch seine medizinische Ausbildung konnte sich mittlerweile sehen lassen – erhielt er eine Stelle als Leibarzt bei einem Baron aus Hermannstadt. Nebenbei war es die Aufgabe Hahnemanns, die gesamte Bibliothek seines neuen Arbeitgebers neu einzurichten. Fast zwei Jahre lang konnte er hier seine Erfahrungen in der Heilkunde anwenden und ausbauen und die arabische Sprache erlernen, bevor ein erneuter Umzug bevorstand. Diesmal führte ihn sein Weg nach Erlangen. Er beendete dort sein Medizinstudium mit einer Doktorarbeit und erhielt dafür den Doktortitel. Das von ihm gewählte Thema: »Eine Betrachtung der Ursachen und der Behandlung von Krampfzuständen« (Conspectus adfectum spasmodicorum aetiologicus et therapeuticus) lässt bereits erkennen, dass der junge Arzt keineswegs bereit war, die zu dieser Zeit üblichen Behandlungsmethoden nach Schema X wie Brech- und Abführkuren, oder die ihm so verhassten Aderlässe zu übernehmen. Er wollte tiefer an die Ursachen der Krankheit kommen, individuell arbeiten – ein Revolutionär seiner Zeit.

Hahnemanns Wanderschaft ging nun 1780 weiter nach Hettstadt.

Bald praktizierte er dort als Arzt, dann übte er sich wieder in der Schriftstellerei. Neben eigenen Werken, die er in dieser Zeit verfasste, übersetzte er englische, französische und italienische Schriften der Sachbereiche Chemie, Medizin und Pharmakologie, aber auch Erziehung und Hygiene waren immer wieder Themen, die sein Interesse weckten.

Geldmangel und Heimweh waren dann 1781 die Gründe für einen erneuten Umzug, diesmal ging es nach Dessau, zurück in die Heimat. Auch an diesem Ort waren die Arbeitsmöglichkeiten nicht ausreichend, weswegen Hahnemann gelegentlich in einer Apotheke am Ort aushalf, wo er sich schließlich so in die Tochter des Hauses verliebte, dass er nicht nur eine Heirat in Erwägung zog, sondern, um seine zukünftige Frau Henriette Küchler auch versorgen zu können, eine gut bezahlte Stelle als Stadtarzt in Gommern, nahe Magdeburg, annahm. Seine Tätigkeit als Arzt in diesem 5000-Seelenort war wieder nicht das, was Hahnemann wirklich wollte. Er überdauerte die Zeit unter anderem mit Übersetzungen, diesmal im Fach Chemie, was ihm große Bewunderung einbrachte, zumal er die Schriften nie Wort für Wort übernahm, sondern seine eigene Meinung einbrachte und so Bücher bis auf die doppelte Seitenzahl erweiterte. Auch seine eigenen Werke, wie: »Anleitung, alte Schäden und faule Geschwüre gründlich zu heilen«, brachten ihm damals, trotz der herben Kritik an der bestehenden Ärzteschaft, großen Beifall: »Der Herr Verfasser hat seinen Gegenstand sehr gründlich und richtig abgehandelt. Er zeigt, wie verkehrt die bisherige, meist gewöhnliche Behandlung gewesen und lehrt dafür eine bessere. Das Buch ist so gründlich, so praktisch geschrieben, dass man nicht genug wünschen kann, es möge häufig gelesen werden.« (Göttingen 1785)

Samuel Hahnemann wurde im Laufe der Zeit gegen seine Kollegen und deren Behandlungsmethoden immer ungnädiger. Zeitweise praktizierte er gar nicht mehr, ernährte er sich und seine inzwischen immer größer gewordene Familie aus dem spärlichen Lohn, den er für seine Übersetzungsarbeiten oder selbst verfassten Werke erhielt.

154

Christian Friedrich Samuel Hahnemann, der Begründer der Homöopathie

Seit 1785 lebte er nun in Dresden, die Zahl seiner Kritiker unter den Ärzten wuchs von Tag zu Tag. Als der aufmüpfige Hahnemann dann auch noch die Forderung stellte, dass jeder Arzt seine eigene Medizin herzustellen und diese auch selbst an seine Patienten abzugeben hätte, machte er sich schließlich auch noch die Apotheker zum Feind.

Im Jahre 1789 war Samuel Hahnemann schließlich wieder einmal dazu gezwungen, aus Geldnöten den Wohnort zu wechseln. Sein neues Zuhause in Stötteritz, nahe Leipzig, führte ihn dann zunächst nicht nur an den Rand des finanziellen Ruins, sondern brachte nun auch seine Abneigung gegen die üblichen Heilmethoden seiner Kollegen auf den Höhepunkt.

Der Tod des österreichischen Kaisers Leopold II. führte dann letztendlich zur öffentlichen Anschuldigung gegen die ärztliche Unwissenheit: »Die Kunst fragt, nach welchen Grundsätzen man mit

155

Fug einen zweiten Aderlass verordnen könne, wenn ein erster keine Erleichterung verschaffe. Ob man einem abgemagerten, durch Anstrengung des Geistes und langwierigen Durchlauf entkräfteten Manne viermal binnen 24 Stunden den Lebenssaft abzapfen dürfe, immer und immer ohne Erleichterung. Die Kunst erblasst.« Hahnemann forderte die Ärzte auf, sich gegen diese Anschuldigungen zu rechtfertigen, er konnte einfach nicht verstehen, warum diese sich nach wie vor weigerten, die Augen aufzumachen und diese unnötigen Quälereien stur fortsetzten.

In Frankreich beginnt die Revolution und in Deutschland rüstet sich ein junger Arzt, um nun endlich den Kampf gegen den Untergang der Heilkunde gnadenlos anzutreten.

Die Geburtsstunde der Homöopathie – Chinarinde gegen Malaria

Bei einer Übersetzung der »Materia medica« von Dr. Cullen fiel es Hahnemann auf, dass dieser die Wirkung der damals oft verwendeten Chinarinde gegen die verschiedensten Fieber damit erklärte, dass die Rinde durch ihre Bitterstoffe einen anregenden Einfluss auf den Magen ausübe. Doch damit konnte sich der Feind vieler Ärzte nicht zufrieden geben:

> *»Man kann durch Vereinigung der stärksten*
> *bittern und der stärksten adstringierenden*
> *Substanzen eine Zusammensetzung bekommen,*
> *welche in kleinerer Gabe weit mehr von beiden*
> *Eigenschaften besitzt, als die Rinde hat, und doch*
> *wird in Ewigkeit kein Fieberspezificum aus einer*
> *solchen Zusammensetzung ... Man bedenke*
> *jedoch Folgendes: Substanzen, welche eine Art*
> *Fieber erregen (sehr starker Kaffee, Pfeffer,*
> *Wohlverleih, Ignazbohne, Arsenik), löschen die*

156

Typen des Wechselfiebers aus. Ich nahm des Versuchs halber etliche Tage zwei Mal täglich jedes Mal 4 Quentchen gute Chinarinde ein; die Füße, die Fingerspitzen usw. wurden mir erst kalt, ich ward matt und schläfrig, dann fing mir das Herz zu klopfen an, mein Puls war hart und geschwind; eine unleidliche Ängstlichkeit, ein Zittern (aber ohne Schauder), eine Abgeschlagenheit durch alle Glieder; dann Klopfen im Kopfe, Röte der Wangen, Durst, kurz alle mir sonst beim Wechselfieber gewöhnlichen Symptome erschienen nacheinander, doch ohne eigentlichen Fieberschauder. Mit kurzem: Auch die mir bei Wechselfiebern gewöhnlichen, besonders charakteristischen Symptome ... alle erschienen. Dieser Paroxysme dauerte 2 bis 3 Stunden jedes Mal und erneuerte sich, wenn ich diese Gabe wiederholte, sonst nicht. Ich hörte auf und war gesund ... Hätte der Verfasser eine Kraft in der Rinde gewittert, ein künstliches antagonistisches Fieber zu erregen, ... gewiss, er würde nicht so eisern auf seiner Erklärungsart stehen geblieben sein.«

Ein wahrhaft revolutionärer Gedanke in dieser Zeit und ein nach-zuahmendes Beispiel an Selbstlosigkeit, wenn man bedenkt, dass Samuel Hahnemann zu dieser Zeit bereits elf hungrige Mäuler zu stopfen hatte und sich sicherlich zu Beginn seines Selbstversuchs nicht sicher war, worauf er sich da eingelassen hatte.

Heute weiß man, dass der Wirkstoff der Chinarinde ein Alkaloid Chinin ist, welches speziell auf die Leber und die Milz wirkt, die Organe, welche von den Malariaviren am meisten geschädigt wer-den. Noch heute verwendet die Schulmedizin Chinin zur Behand-lung dieser Krankheit. Die Naturheilkunde setzt das homöopathische Mittel bei Verdauungsproblemen, klopfenden Kopfschmerzen, bei Schwäche durch erhöhte Schweißneigung, für die Blutbildung und vieles mehr ein. Auch als vorbeugende Maßnahme gegen Malaria hat es seine Wirksamkeit bewiesen. Die Verdünnungen liegen in diesen Fällen zwischen D2 und D6, vorbeugend verwendet man das Mittel in D30.

Und wieder ging es auf die Reise. Diesmal nach Georgenthal in der Nähe von Gotha. Herzog Ernst von Sachsen-Gotha ermöglichte dem immer verzweifelteren Hahnemann durch Bereitstellung eines seiner Schlösser die Eröffnung einer Klinik zur Behandlung von Geisteskrankheiten. Sie trug die Bezeichnung »Irrenanstalt für die besseren Stände«.

Jeder weiß, dass zu damaligen Zeiten Geisteskranke auf brutalste Art und Weise behandelt wurden. Sie waren meist gefesselt, wurden geschlagen, in Verliesen gehalten. Auch Hahnemanns erster und letzter Patient, ein hoher Staatsbeamter, der an Verfolgungswahn und Wahnsinn litt, hatte nicht wenige Wunden und Vernarbungen, die auf solche Misshandlungen hinwiesen. Hahnemann widmete diesem Mann sehr viel Zeit. Wochen verbrachte er nur damit, ihn zu beobachten, bevor er dann mit der Behandlung begann. Nach sieben Monaten konnte der Patient die Klinik geheilt verlassen. Hahnemann hatte allen bewiesen, dass auch Geisteskrankheiten mit der richtigen Methode heilbar sind.

Die Armut unter den Menschen ließ es aber nicht zu, viel Geld und vor allem Zeit für derartig aufwendige Behandlungen aufzubringen, schon gar nicht für die Irren. Und so war Hahnemann, der rastlose Wanderer, zu einem erneuten Ortswechsel gezwungen. Sein Weg führte ihn nun von 1792 bis 1804 nach Molschleben, Mülhausen, Pyrmont, Braunschweig, Wolfenbüttel, Königslutter, Hamburg, Mölln, Eilenburg, Wittenberg und Dessau. Während dieser langen Periode zog sich Samuel Hahnemann als praktizierender Arzt fast vollständig zurück und verdiente seinen Lebensunterhalt durch zahlreiche Veröffentlichungen über Chemie, Hygiene, Erziehung, Ernährung und vieles andere mehr. Ob es Übersetzungen oder eigene Werke waren, Hahnemann hatte schon damals eine auch heute noch sehr moderne Auffassung von all diesen Themen. So setzte er sich zum Beispiel auch mit den engen und menschenunwürdigen Unterbringungen von Strafgefangenen ein: »Mehrere Gefangene zusammen einzusperren, ohne dass auf jeden wenigstens 500 Kubikmeter Raum und Atmosphäre kommen, ist grausam. Wie martert da nicht einer den andern mit seinen Bubenstücken, der Verruchteste den Bessern! Wie schnell brütet da das Verderblichste unter den animalischen Giften den Zunder zu den tödlichsten Seuchen aus! – Obrigkeiten! Seyd Menschen!«

Er war sicherlich einer der ersten Ärzte, die sich über die Beschaffenheiten eines Krankenzimmers oder sonstige äußere Umstände, die eine Genesung beeinträchtigen konnten, Gedanken machten. So war er ein entschiedener Kämpfer für helle, sonnendurchflutete Räume, er zeigte die Schädlichkeit von schlecht gelüfteten Zimmern auf und empfand es als großes Übel, bei geschlossenen Fenstern zu schlafen. Immer wieder verkündete er, dass Gesundheit nur bestehen könne, wenn man bereit sei, sich der Natur wieder anzunähern. Welch mutiges Vorgehen, wenn man bedenkt, wie schwer es heute noch ist, mit so einer Meinung zu bestehen, ohne als versponnener Öko angesehen zu werden.

Immer wieder versuchte Hahnemann, seine Kollegen zu überzeugen: »Ich bitte meine Mitbrüder, diesen bisherigen Weg (Contraria contrariis) zu verlassen; er ist der unrichtige, ein Holzweg im dunkeln Haine, der sich in Abgründen verliert.«

Einige Beispiel können diese Denkart auch heute noch bestätigen:

Wärme gegen Abszesse

Eine von Bakterien verursachte Abszessbildung wird, ganz nach Hahnemanns Vorstellungen, heute noch mit Wärme behandelt, obwohl oder gerade weil die Begleitsymptome der Erkrankung (Hitze,

Röte, Schwellung und Schmerz) ähnlich sind wie die Folgen einer intensive Bestrahlung mit Wärme. Dosiert man die Wärme z. B. mittels einer Rotlichtbestrahlung, kann man nach kurzzeitiger Verschlimmerung schon bald eine deutliche Besserung spüren, der dann eine vollständige Abheilung folgt. Würde man den Abszess mit Kälte bekämpfen, käme es zwar vorübergehend zu einer Erleichterung, dauerhaft würden wir den Prozess jedoch damit in eine chronische Form bringen.

Kalte Abreibungen und Sauerkraut bei Erfrierungen

Jeder, der schon einmal größerer Kälte ausgesetzt war, und habe er sich auch nur kalte Füße beim Skifahren geholt, weiß, dass die beste Möglichkeit, die Durchblutung der Füße wieder anzuregen, diejenige ist, die erfrorenen Glieder mit kaltem Schnee oder Wasserwickeln abzureiben. Gefrorenes Sauerkraut eignet sich laut Hahnemann am besten, da es sich langsam, in der angemessenen Geschwindigkeit, mit dem Körper erwärmt. Bringen wir aber Hitze an die frostigen Stellen, würde das nicht nur die Schmerzen ins Unerträgliche steigern, je nach Erfrierungsgrad könnte es das Ende des erfrorenen Gliedes bedeuten.

Immer wieder forderte Hahnemann die Heilkundigen auf, Symptome nicht zu bekämpfen, sondern an die Wurzel der Krankheit zu gehen, diese auszurupfen. Er war wohl auch einer der ersten Tierversuchsgegner, denn er verlangte, alle Heilmittel müssten durch den Behandler selbst getestet und ausgewertet werden, niemand solle sich auf Chemie oder gar Tierversuche verlassen. Zu dieser Zeit arbeitete Samuel Hahnemann bereits nach dem Grundsatz: »Jedes wirksame Arzneimittel erregt im menschlichen Körper eine Art von eigener Krankheit. Man ahme die Natur nach, welche zuweilen eine chronische Krankheit durch eine andere hinzukommende heilt, und wende in der zu heilenden (vorzüglich chronischen Krankheit) dasjenige Arzneimittel an, welches eine andere, möglichst ähnliche künstliche Krankheit zu erregen imstande ist, und jene wird geheilet werden.« – »Wähle sanft, schnell, gewiss und dauerhaft zu heilen, in jedem Krankheitsfalle eine Arznei, welche ein ähnliches Leiden für sich erregen kann, als sie heilen soll.« *Similia similibus curentur* (Ähnliches wird durch Ähnliches geheilt)« – die Geburtsstunde der Homöopathie.

Was ist Homöopathie?

Der Name Homöopathie leitet sich vom griechischen *homoios* (ähnlich) und *pathos* (Leiden) ab. Hahnemann sah in der Homöopathie die Möglichkeit gegeben, mit einem kleinen Reiz (die starke Verdünnung und die geringen Gaben) die angegriffene Lebenskraft dort wieder anzuregen, wo sie gerade am dringendsten gebraucht wurde, also in einer genauen Auswahl von nur einem ganz bestimmten Mittel.

Durch die starke Verdünnung wollte er gezielt die Abwehrleistung des Körpers anregen, ohne diesem noch weitere Anstrengungen durch oft überdosierte Arzneimittel oder Heilmethoden zuzumuten: »Die Homöopathik weiß, dass Heilung nur durch Gegenwirkung der Lebenskraft gegen die eingenommene, richtige Arznei erfolgen kann, eine um desto gewissere und schnellere Heilung, je kräftiger noch beim Kranken seine Lebenskraft vorwaltet. Die Homöopathik vermeidet daher selbst die mindeste Schwächung.« Und: »Homöopathik vergießt nie einen Tropfen Blutes, gibt nicht zu brechen … brennt nicht mit Moxa oder Glüheisen bis auf die Knochen … sondern gibt mit eigener Hand nur selbst bereitete, einfache Arznei, die sie genau kennt, und keine Gemische …«

Die Ursache einer Erkrankung war für Hahnemann immer etwas Geistartiges, Unsichtbares (auch die Chinesen bauen ihre erfolgreiche Akupunkturlehre auf unsichtbaren Energiebahnen auf), das wie schon erwähnt die Lebenskraft stört. Um aber an dieses Geistartige heranzukommen und das Schädliche gleichzeitig auszuschließen, musste nach Hahnemanns Auffassung auch die heilende Arznei vergeistigt werden, was er durch die immer höheren Verdünnungen erreichen wollte.

Um diese Verdünnung zu erhalten, wird auch heute noch, zumindest von zuverlässigen Heilmittelherstellern, ein Teil der benötigten Pflanzen-, Tier- oder Mineralsubstanz per Hand, mit neun Teilen Wasser-Alkoholgemisch, bis zu 500 Mal verschüttelt. Das Ergebnis wird D1 oder auch 1. Potenz genannt. Von dieser D1 nimmt man dann wiederum einen Teil und vermischt in erneut mit neun Teilen des Wasser-Alkoholgemisches – und erhält eine D2 oder 2. Potenz. Diesen Vorgang kann man unendlich oft wiederholen. Hahnemann arbeitete zum Schluss fast ausschließlich mit einer sehr hohen Verdünnung der LM-Potenz, das heißt, dass er den Verschüttelungsvorgang 50 000 Mal vorgenommen hat. Jeder dieser Schritte dient zudem einer Anreicherung mit der Energie oder der Information der Ausgangssubstanz, die der Körper zur Gesundung gerade braucht.

Wie aber ist es möglich, dass ein Mittel die schlimmsten Krankheiten vertreiben kann, obwohl es so verdünnt wurde, dass schon bei einer D12 keine Moleküle der Ausgangsmasse mehr zu finden sind? Es ist ja gerade so, als würde man einen Tropfen einer Substanz in einer Badewanne voll Wasser auflösen – bei niedrigen Potenzen. Bei höheren ist der Tropfen in einem See aufgelöst, also auch mit feinsten Messmethoden nicht mehr nachweisbar.

Wie wirkt die Homöopathie?

Diese Frage müssen sich wohl alle Heilkundler, die sich der hömöopathischen Behandlungsmethode angeschlossen haben, immer und immer wieder anhören. Einige Beispiele sollen uns da ein wenig weiterhelfen:

Betrachten wir all die möglichen Wirkungsmöglichkeiten z. B. einer Pflanze, so könnte man sich die Ergebnisse als eine ganze Bibliothek voller Bücher, gefüllt mit vielerlei Sätzen und noch mehr Buchstaben, vorstellen. Der Homöopath will aber nur eine einzige, gezielte Information erhalten. Muss er nun alle Bücher lesen, um diese Information nutzen zu können? Je mehr man über die Thematik der gesuchten Lösung weiß, desto sicherer wird man aus all den Büchern dasjenige herausfinden, das näher zu dem Ergebnis führt, das Kapitel wählen, das irgendwann zur gesuchten Lösung führt. Papier und Tinte, mit der dieser eine Satz geschrieben wurde, sind Nebensache, sie dienen lediglich der Übermittlung der erforderlichen Nachricht. Je festgefahrener eine Krankheitssituation ist, je chronischer sie geworden ist, desto wichtiger ist es, genau diese eine Stelle zu finden, nach der gesucht wird, um die Lebenskraft, auf die es dann ankommt, wieder neu zu beleben und damit die Ursache der Erkrankung zu beheben.

Man könnte das etwas vereinfacht auch so darstellen: Angenommen Sie brauchen eine Telefonnummer, um jemanden anrufen zu können. Nun ist es völlig gleichgültig, auf welche Weise Sie diese erfahren. Jemand kann sie Ihnen mitteilen. Oder Sie finden sie im Telefonbuch und notieren sie auf einen Zettel. Nun spielt es wiederum überhaupt keine Rolle, welches Papier Sie dazu verwenden, oder ob Sie mit Bleistift oder Tinte die entsprechenden Zahlen notieren. Wenn der Chemiker den Zettel mit der Telefonnummer analysiert, wird er nur das Papier und die Tinte finden, aber niemals die Zahl. Sie ist geistig, nicht materiell. Und genauso ist es mit der Homöopathie: Die Nachricht, auf die es ankommt, wird mehr und mehr von der Materie, auf der sie steht, befreit, bis kein »Papier« und keine »Tinte« mehr nachzuweisen sind. Nur auf die Information kommt es an. Sie brauchen die körpereigenen Heilkräfte, um heilen zu können. Und sie kommt ganz offensichtlich umso deutlicher an, je weniger sie noch an Materie gebunden ist. Ich kann die gewünschte Information aber deshalb bei Pflanzen und anderen lebenden Substanzen finden, weil die Grundstrukturen aller Zellen gleichartig sind.

Eine andere Vorstellungshilfe kann durch Selbstversuche nachgeprüft werden: Man nimmt eine Petrischale, füllt diese mit Wasser und stellt sie, mit einer Glasscheibe abgedeckt, in einer kalten Winternacht vor die Tür. Bei geeigneten Witterungsbedingungen werden sich schon bald Eisblumen auf der Glasscheibe zeigen. Schaut man genau hin, erkennt man, dass die Abbildungen der Eisblumen mit den Pflanzen der Umgebung zusammenpassen. Dieses Experiment lässt sich ohne weiteres im Kühlschrank nachstellen. Gibt man in diesem Fall statt der natürlich wachsenden Pflanzenvorbilder eine Pflanzentinktur in die Petrischale, zeigen sich ähnliche Bilder. Verdünnt man jetzt diese Pflanzentinktur gemäß den homöopathischen Regeln, werden die sich bildenden Eisblumen zwar immer abstrakter, dennoch lassen sich eindeutige Wesensmerkmale der »Urpflanze« auch in den höheren Potenzen noch feststellen. Fotografische Vergrößerungen der »Versuchspflanze« ergeben oft ein täuschend ähnliches Bild im Vergleich mit den entsprechenden Eisblumen der verdünnten Tinkturen. Das abstrakte Bild der Verdünnungsstufe wird heute auch von den Wissenschaftlern mit einer Energie verglichen, die bis jetzt zwar noch nicht messbar, jedoch durch verschiedene Versuche in ihrer Wirkung nachweisbar ist.

Heilung und Verhütung des Scharlachfiebers – die Belladonna

Man schreibt das Jahr 1800. Der Ausbruch einer großen und verheerenden Scharlachepidemie erschüttert das Land. Tausende, vorwiegend Kinder und Alte, werden von dieser schrecklichen Seuche dahingerafft. Lange konnte Hahnemann diesem Elend nicht zuschauen, Tag und Nacht studierte er die Welt der Heilmittel, um ein geeignetes Mittel zu finden. In der Belladonna (Tollkirsche) fand er schließlich alle Voraussetzungen erfüllt. Sogleich machte sich Meister Samuel ans Werk und setzte das Mittel nicht nur zur Heilung und Vorbeugung gegen Scharlach erfolgreich ein, er verfasste sofort ein kleines Büchlein: »Heilung und Verhütung des Scharlachfiebers«. Denn es war sein Wunsch, möglichst vielen Menschen mit seiner Entdeckung zu helfen. Und wieder einmal scheiterte sein Vorhaben an Geldmangel, er konnte es sich nicht leisten, die Druckkosten für diese wenigen Seiten zu bezahlen. In seiner Not bot er seinen Kollegen, aber auch all den anderen Interessierten an, gegen Vorauszahlung eines kleinen Betrages den Kauf der Broschüre und das Heilmittel als Vorbestellung anzunehmen. Sobald er die Kosten für den Druck zusammen hätte, würde jeder sein Buch erhalten. Es gingen daraufhin nicht nur kaum Bestellungen ein, es war auch sofort wieder Zündstoff für die Ärzteschaft, die weitere Verleumdungskampagnen gegen den großen Heilkundler zu starten. Die Ärzte empfanden dies als unwürdiges Verhalten eines der Ihrigen, gewinnsüchtig ein überall gebrauchtes Heilmittel geheim zu halten, taten zugleich aber auch kund, dass dies Mittel sowieso keinen Nutzen bringen würde. Nach endlosen Diskussionen, bösen Anfeindungen und durch das Leid der immer mehr werdenden Toten und Kranken erschüttert, gab Hahnemann den aussichtslosen Kampf um etwas Entlohnung für seine Forschung auf und gab Mittel, Potenz und Anwendung desselben bekannt: »Macht's nach, aber macht's genau nach!« Lediglich eine Bitte hatte er an die Ärzte, falls sie dieses Heilmittel anwenden würden: Er wollte, dass diese die Wirkungen der Belladonna genau beobachten sollten, dass wenn möglich die Auswertungen und Hinweise an ihn weitergeleitet würden, damit er seine Untersuchungen über die Pflanze vervollständigen könne. Kein einziger erfüllte ihm diesen Wunsch. Im Gegenteil: Eine neue Welle der Beschuldigungen setzte ein, dem Mittel wurde nicht nur jegliche vorbeugende Wirkung abgesprochen, sondern auch im Krankheitsfall konnte angeblich keinerlei Hilfe erwartet werden. Als Beweis führten die Kollegen Hahnemanns eine in Mitteldeutschland tobende Massenerkrankung an, bei deren Behandlungsversuchen mit kleinsten Gaben der Belladonna keine Erfolge zu verbuchen waren. Ohne auf seine Geldnot zu achten, machte sich Samuel Hahnemann sofort auf den Weg in das Krisengebiet; er wollte wissen, weshalb seine Entdeckung nicht wirkte, konnte sich einfach nicht vorstellen, dass er sich so getäuscht haben sollte.

Erleichtert und zugleich wieder einmal schwer getroffen von der Unfähigkeit der deutschen Mediziner, veröffentlichte er dann unverzüglich folgende Lösung: »Zur Zeit, als ich die Erfindung bekannt machte, das Scharlachfieber durch kleine Gaben Belladonna mit Gewissheit und spezifisch zu verhüten, war in großer Entfernung zu mir im mittleren Deutschland die Epidemie einer neuen Krankheit ausgebrochen, das bösartige Friesel, gegen welches die Ärzte – gleich als wäre es das uralte, reine Scharlachfieber – mein Verhütungsmittel zu brauchen keinen Abstand nahmen, aber meistens mit vergeblichem Erfolg. Ganz natürlich, da sie es gegen eine gänzlich und wesentlich verschiedene Krankheit brauchten! Denn das alte, wahre Scharlachfieber mit heller, glatter Hautröte hat in seinen wesentlichen Zeichen kaum eine entfernte Ähnlichkeit mit dieser neu entstandenen, aus dem Westen eingeschlichenen Frieselkrankheit.«

Immer wieder versuchte der erste Homöopath, seine Kollegen einsichtig zu machen: »Ärzte Deutschlands, seyd Brüder, seyd billig, seyd gerecht.« Doch die wahre Anerkennung für seine Entdeckung erhielt Hahnemann erst 24 Jahre später, als sein berühmter Kollege Professor Hufeland selbst eine Abhandlung über »die prophylaktische Wirkung der Belladonna« schrieb. Hierin bestätigte er die Anschauungen Hahnemanns vollständig und erkannte den revolutionären Arzt als Erfinder des Mittels an.

Heute findet die Belladonna sogar bei sonst nicht naturheilkundlich arbeitenden Medizinern als speziell gegen Viren und Bakterien abwehrsteigerndes Mittel regen Gebrauch. Liest man in den gängigen Arzneimittelbüchern nach, so wird es auch heutzutage als das Hauptmittel bei Scharlach angegeben. Erwähnt sind aber auch Verdauungsprobleme, wenn sie von der auch bei Scharlach auftretenden typischen Erdbeerzunge begleitet sind. Mit am deutlichsten erkennt man das Krankheitsbild der Tollkirsche an den charakteristischen kalten Füßen bei gleichzeitig heißem Kopf. Die Belladonna wird hauptsächlich in Potenzen zwischen D6 und D30 verordnet.

Von 1805 bis 1811 lebte der rastlose Arzt Samuel Hahnemann mit seiner Familie in Torgau. Für ihn eine ungewöhnlich lange Zeit, für uns ein Glücksfall, denn kaum eine andere Schaffensperiode war so fruchtbar und für seine Nachahmer von so großer Wichtigkeit:

Hahnemann untersuchte 27 Arzneimittel (1806 übersetzte er ein Buch, in welchem sogar 462 Pflanzen, deren Wirkungsweise, Botanik und Herstellung der Arznei beschrieben wurden), teils über Selbstversuche, teils auf der Basis seiner überaus genauen und scharfsinnigen Beobachtungen. Sein 740 Seiten dickes Werk bezeichnete er selbst als unzulänglich. Aber der Anfang war gemacht, wir profitieren heute noch von Samuel Hahnemanns Pioniertaten.

Doch nicht genug damit. Hahnemann verlangte von allen Ausübenden der Heilkunde nicht nur genaueste Kenntnis der Heilmittel und ihrer Wirkungen, er stellte auch Regeln auf, wie Kranke zu behandeln sind, wie der Arzt sich an die Krankheitsursache heranzutasten hatte: »Zur Begründung der Heilung gehört ein treues Bild der Krankheit und ihrer Zeichen, und nächstdem, wo sie aufzufinden ist, die Kenntnis ihrer Veranlassung und Entstehungsursache ... Der Kranke klagt den Vorgang seiner Beschwerden, die Angehörigen erzählen sein Benehmen, der Arzt sieht, hört, fühlt usw., was verändert und ungewöhnlich an ihm ist, und zeichnet sich alles in der Ordnung auf, um sich das Bild der Krankheit vorzustellen.« Welch weise Worte, die auch in unseren Tagen ihre Gültigkeit nicht verloren haben und leider von den wenigsten Medizinern auch nur ansatzweise befolgt werden.

Zu dieser Zeit gab es neben dem üblichen Aderlass und »sonstigen Quälereien« eine weitere Behandlungsmethode der »Unheilkundler« – ein weiterer Dorn im Auge Hahnemanns: Viele Behandler überschütteten ihre Patienten geradezu mit den verschiedensten Heilpflanzendrogen. Das wohl am meisten gebrauchte Mittel war Arsen. Nicht selten starben die Menschen an extremen Arsenvergiftungen oder litten verstärkt durch die wahllos zusammengestellten Arzneitinkturen, die oftmals aus Unkenntnis nach dem Motto »viel hilft viel« zusammengestellt wurden: »Eine Arznei, welche allein und unvermischt, in gehörig großer Gabe, einem gesunden Menschen angeboten, eine bestimmte Wirkung, eine bestimmte Reihe eigener Symptome zuwege bringt, behält die Tendenz, dergleichen zu erregen, auch in der kleinsten Gabe. Am meisten zeigen die Arzneimittel die Natur ihrer krank machenden Potenz und ihre absolute wahre Wirkung am gesunden menschlichen Körper, wenn man jedes allein und unvermischt nehmen lässt. Nie ist es nötig, ihrer zwei zusammen zu setzen ...«

Hahnemann war also Einzelmittelhomöopath. Oft lagen Wochen zwischen der Einnahme seiner Mittel, jede Gabe bestand nur aus einer fast unvorstellbar kleinen, kaum nachweisbaren Menge.

Die weitere Entwicklung und Forschung dieses unermüdlichen Mannes führte dann 1810 zu seinem Hauptwerk: »Organon der Heilkunst«, das nach wie vor die Bibel eines jeden klassischen Homöopathen und ein Muss für alle naturheilkundlich arbeitenden Behandler ist.

Die Gesetze des Heilens, das Organon

Hahnemann teilte das Organon in 291 Paragraphen auf, ein weiterer Hinweis, dass er es für dringend nötig und unaufschiebbar hielt, das komplette Heilwesen neu zu ordnen und diese Neuordnung mit dem Stempel einer gesetzlichen Ordnung zu versehen. Die wichtigsten Verordnungen, die seiner Meinung nach von jedem Arzt zu befolgen wären, sind:

§ 1: »Des Arztes höchster und einziger Beruf ist, kranke Menschen gesund zu machen, was man Heilen nennt.«

Zu diesem Thema lässt es sich Hahnemann dann auch nicht nehmen, sein Missfallen über die nutzlosen Professorendiskussionen, die ja meist am Bett des Kranken abgehalten wurden, deutlich zu machen. Für ihn war dies reine Angeberei: »... in unverständliche Worte und einen Schwulst abstrakter Redensarten gehüllt, welche

168

gelehrt klingen sollen, um den Unwissenden in Erstaunen zu setzen ...; solcher gelehrter Schwärmereien (man nennt es theoretische Arzneikunst und hat sogar eigene Professoren dazu) haben wir nun gerade genug, und es wird hohe Zeit, dass, was sich Arzt nennt, endlich einmal aufhöre, die armen Menschen mit Geschwätz zu täuschen und dagegen nun anfange, zu handeln, das ist, wirklich zu helfen und zu heilen.«

Jeder von uns wird sich bei diesen Zeilen fragen, warum diese Kritik Hahnemanns bis heute besteht und niemals etwas unternommen wurde, um zumindest das Gespräch mit den Medizinern für Kranke und deren Angehörige verständlich zu machen, anstatt sich ständig auch gegenseitig beweisen zu müssen, dass man der lateinischen Sprache mächtig ist. Auch die Täuschung der Patienten, von der Hahnemann spricht, ist bis heute im Arztjargon gegenwärtig, denken wir nur an den Fachausdruck »iatrogen«, was nichts anderes heißt wie »vom Arzt verschuldet«.

§ 2: »Das höchste Ideal der Heilung ist schnelle, sanfte, dauerhafte Wiederherstellung der Gesundheit, oder Hebung und Vernichtung der Krankheit in ihrem ganzen Umfange auf dem kürzesten, unnachteiligsten Wege, nach deutlich einzusehenden Gründen.«

Würden heutzutage die Krankenkassen nur noch zahlen, wenn sich unsere Ärzte an dieses Gesetz halten, wären wohl die meisten Mediziner Sozialhilfeempfänger.

§ 4: »Er ist zugleich ein Gesundheit-Erhalter, wenn er die Gesundheit störenden und Krankheit erzeugenden und unterhaltenden Dinge kennt und sie von den gesunden Menschen zu entfernen weiß.«

Hier stellt sich dann für den Leser die Frage, ob Hahnemann nicht vielleicht schon Vorahnungen von den heutigen Umweltbelastungen hatte, die ja in unserer Zeit nicht selten die Ursache für viele Erkrankungen sind.

§ 7: »... so muss, mit einem Worte, die Gesamtheit der Symptome für den Heilkünstler das Hauptsächlichste, ja Einzige sein, was er an jedem Krankheitsfalle zu erkennen und durch seine Kunst hinwegzunehmen hat, damit die Krankheit geheilt und in Gesundheit verwandelt werde … Ein einzelnes der gegenwärtigen Symptome ist so wenig die Krankheit selbst, als ein einzelner Fuß der Mensch selbst ist.«

Hahnemann sprach in diesem Abschnitt seines Buches auch über die reine Symptomebekämpfung, wie sie damals z.B. bei Kopfschmerzen, Magenbeschwerden oder auch Schlafstörungen, üblich war und wie sie von Ärzten zum Teil heute immer noch betrieben wird. Ihm war diese Methode ein Dorn im Auge, da sie Krankheitszustände nicht nur nicht verbessere, sondern sogar verschlimmere.

Ausnahmen waren für Hahnemann lediglich Unfälle, Vergiftungen und Ähnliches, was er selbstverständlich zuerst einmal ganz herkömmlich behandelte.

Hahnemann verbrachte deshalb sehr viel Zeit mit der Erforschung möglichst vieler Wirkungen verschiedenster Heilmittel, um dann das Mittel zu wählen, das die meisten Übereinstimmungen mit den Symptomen der zu behandelnden Krankheit hatte. Für ihn war die Ursache einer Erkrankung immer in einer verminderten unsichtbaren Lebenskraft zu sehen, der Behandler kann lediglich über die Symptome des Körpers diese wieder zu stärken versuchen. Heilung war also für Hahnemann kein materieller, sondern ein rein energetischer Vorgang. Es waren für ihn nicht nur körperliche Symptome interessant, vor allem seelische Empfindungen oder Veränderungen halfen ihm, das geeignete Mittel zu finden.

Das »Organon« ist ein so umfangreiches Werk, dass es schon einem Studium gleichkommt, will man all die Ratschläge und Gebote auch wirklich verstehen und anwenden. Das Phantastische an diesem großen Werk Hahnemanns ist, dass es immer noch seine Gültigkeit hat und auch den heutigen Medizinern einige wichtige Verbesserungen offenbaren könnte, würden sie sich einmal damit beschäftigen. Die wenigen Ärzte wie z.B. Amerikas bekanntester Homöopath J. T. Kent, die sich über Hahnemanns Methoden in umfangreichen Untersuchungen informiert haben und die Erfolge der Öffentlichkeit zugänglich machten, mussten zum Teil heftigste Angriffe seitens ihrer Kollegen hinnehmen.

Nach dieser fruchtbaren Zeit sah sich Hahnemann dann 1811 veranlasst, Torgau zu verlassen. Napoleon wollte die Stadt zur Festung umbauen, was dem Meister ganz und gar nicht gefiel. Sein Weg führte in zurück in die Heimat, nach Leipzig.

Da er von den Kollegen nach wie vor gemieden wurde, hoffte er an der dortigen Universität sein großes Schaffenswerk den jungen Menschen nahe bringen zu können. Von 1811 bis 1821 lehrte er dort seine im »Organon« aufgestellten Grundsätze der Homöopathie. Zu Anfang setzte ein wahrer Begeisterungssturm ein, jeder wollte diesen Rebellen einmal hautnah erleben. Hahnemanns Vorlesungen waren gut besucht. Viele hofften Hahnemanns Ausführungen widerlegen zu können, und ein paar wenige zogen letztendlich den Hut vor dem großen Meister, der es wie kein anderer verstand, all sein großes Wissen in so klarer und überzeugender Art zu vermitteln, dass sich auch seine ärgsten Kritiker insgeheim seinen überragenden Geist eingestehen mussten. Obwohl Hahnemann bereits mehrfach erfahren musste, wie gereizt seine Kollegen auf seine Kritik reagierten, nahm er in seinen Vorlesungen kein Blatt vor den Mund. Seine Vorwürfe gegen die gewohnten Heilmethoden und Denkschemata der »Unheilkundler« wurden immer heftiger, seine vielen Heilerfolge mehrten sich noch, aber auch die Zahl seiner Gegner wuchs von Tag zu Tag.

Die Behandlung des österreichischen Generalfeldmarschalls Fürst von Schwarzenberg 1819 gab ihm noch etwas Schutz vor der lauernden Meute der Ärzte und Apotheker, doch als dieser dann selbstverschuldet starb, witterten sie ihre Chance. Es begann ein offener Kriegszug gegen Samuel Hahnemann.

Natürlich wurde ihm die Schuld am Tod des Fürsten zugewiesen. Das war dann auch der Anlass, endlich ein Gesetz zu erlassen, das dem Homöopathen Hahnemann bei Strafe verbot, selbst hergestellte Arzneien an Patienten abzugeben. Nur in Ausnahmefällen oder in Notfällen wurde es ihm gestattet. Ein Apothekersieg.

Die Ärzte wollten sich jetzt dieses unliebsamen, unbequemen und doch so erfolgreichen Mannes endgültig entledigen und forderten unter Androhung von Gewalt die Entfernung Hahnemanns.

1821 übersiedelte er dann, getrieben von so viel Feindseligkeit, mit seiner großen Familie nach Köthen. Fürst Ferdinand von Köthen-Anhalt hatte wohl die Qualitäten und den Wert Hahnemanns erkannt und bot ihm die Gelegenheit, in seinem kleinen Reich die Heilkunde nach eigenen Vorstellungen auszuüben. Das erlaubte Hahnemann natürlich auch die Abgabe seiner selbst zubereiteten Heilmittel. Schnell wurde die stetig größer werdende Praxis in ganz Europa berühmt. Horden von Menschen drängten in das kleine Städtchen, die schriftlichen Beratungen waren von Hahnemann allein schon bald nicht mehr zu bewältigen. Aufgrund seiner ausgeprägten Menschenfreundlichkeit wollte er seine Hilfe aber auch denjenigen zukommen lassen, die es sich nicht leisten konnten, ihn persönlich aufzusuchen. Hahnemann nahm sich deshalb alsbald einen jungen Assistenten, der ihn in seiner Praxistätigkeit vor Ort unterstützte. Aus Zeitmangel, aber auch aufgrund seiner zunehmenden Verschlossenheit, zog er sich aus dem öffentlichen Leben total zurück, es bestand nur ein kleiner, treuer Kreis, mit dem sich Hahnemann noch austauschte.

In all diesen Jahren schaffte es dieser, damals immerhin schon 73-jährige Mann, irgendwie auch noch ein mehrbändiges Werk über »Die chronischen Krankheiten, ihre eigentümliche Natur und homöopathische Heilung« herauszugeben. Es enthielt weitere Ergebnisse seiner Heilmittelforschungen und vollkommen neue Gedankenansätze über die Entstehung und Behandlung der chronischen Erkrankungen. Die Verdünnungen seiner Arzneien wurden immer höher, er arbeitete jetzt fast ausschließlich mit minimalsten Substanzen, deren Vorhandensein kaum mehr nachprüfbar war. Und auch die Einnahmemenge reduzierte er auf ein Minimum, oft erhielt man nur ein einziges Zuckerkügelchen, welches dann bis zu sieben Wochen wirken durfte, »denn so lange hält ihre Wirkung in den angezeigten Gaben an und sie darf durch kein neues Mittel gestört und aufgehoben werden … Je chronischer, abgeschwächter eine Krankheit verläuft, umso schwächer muss das Simillimum angewandt werden.«

1830 starb Hahnemanns Frau Henriette im Alter von 66 Jahren, und die Cholera brach aus.

Arsen und Nieswurz gegen Cholera und Montezumas Rache

Sofort machte sich Hahnemann an die Arbeit und verbreitete die Lösung zur Heilung der Seuche mittels Veröffentlichungen. Es gab aber keineswegs die eine Lösung, sondern eine Sammlung aller in Frage kommenden Heilmittel. Hahnemann hatte sie so aufgelistet und derart sorgfältig beschrieben, dass jeder, der sie anwenden wollte, gezwungen war, das Krankheitsbild der Cholera und all ihre Erscheinungen mit dem Wirkungsbereich der möglichen Heilmittel zu vergleichen, um das richtige »Spiegelmittel« der Erkrankung zu finden. Eines der Mittel war das Arsen, doch diesmal nicht in der giftigen Urform, sondern als *Arsenicum album* in der 12. oder 30. Potenz, oder die weiße Nieswurz, *Veratrum album,* ebenfalls in der 30. Potenz, die, wenn als Frischpflanze gegessen, wasserähnliche Durchfälle verursacht, so wie es bei der Cholera eben auch auftritt. Diese Mittel zählen heute noch zu den Hauptheilmitteln bei der Vorbeugung gegen die Cholera und bei der Behandlung von Montezumas Rache, dem gefürchteten Reisedurchfall.

Bedingt durch die allgemeine Ratlosigkeit der meisten Ärzte, die mit diesem Krankheitsbild nur wenig anfangen konnten, hielten sich viele Behandler an Hahnemanns Anweisungen – die Homöopathie erlebte einen gigantischen Aufschwung und gewann viele neue Anhänger.

Im Zusammenhang mit der Cholera taucht dann auch zum ersten Mal Hahnemanns Vermutung einer Krankheitsübertragung durch »Kleinstlebewesen« auf.

Samuel Hahnemanns Leben veränderte sich nach dem Besuch einer jungen Französin völlig, die 1834 nach Köthen gekommen war, um Hahnemann als Patientin aufzusuchen. Bereits im Januar 1835 heiratete der inzwischen 80-jährige Hahnemann die 35-jährige Französin Mademoiselle Melanie d'Hervilly. Schon bald wurde es aber der jungen, verwöhnten Frau Hahnemanns in dem kleinen Städtchen Köthen zu langweilig. Sie hatte Heimweh nach dem Pariser Gesellschaftsleben, nach den Reichen und Mächtigen. Geschickt gelang es ihr, den 80-jährigen Arzt zu einer Reise nach Paris zu überreden, von der er niemals zurückkehren sollte. Hahnemann dachte an einen Ausflug und wurde schon recht schnell eines anderen belehrt. Mit großem Jubel wurde der Meister in Paris empfangen, viele seiner Anhänger dankten Gott, den Begründer der Homöopathie endlich in ihrer Nähe haben zu dürfen. Seine Frau managte nicht nur den Umzug in die französische Hauptstadt, sie holte in Windeseile auch sämtliche für eine Praxisführung im Stile Hahnemanns nötigen Genehmigungen ein. Hier nutzten ihr natürlich die guten Beziehungen, die sie zur Pariser Gesellschaft stets pflegte. Und obwohl sich Hahnemann eigentlich aus der Heiltätigkeit langsam zurückziehen wollte, wurde sein letzter Lebensabschnitt zur arbeitsintensivsten Zeit seines irdischen Daseins. Trotz der horrenden Preise, die Hahnemanns Gattin für einen Besuch bei ihrem Mann verlangte, war das Wartezimmer stets voll, die Menschen kamen aus allen Richtungen, um sich vom Meister selbst Rat zu holen. Es gelang jedoch keineswegs jedem, zu Hahnemann vorzudringen, zuerst musste man die Gunst der jungen Französin erreichen, was um so leichter war, je reicher und berühmter man war. Das Schlimmste für den alten Mann war aber, dass seine junge Gemahlin ihn auch noch dazu brachte, in den angesehenen Herrenhäusern der reichen oder adeligen Pariser Hausbesuche zu machen, was ihm schon immer verhasst war. Hierbei wurde er stets von seiner Frau begleitet, die es meisterhaft verstand, sich in kürzester Zeit ein ganz beachtliches Vermögen anzusammeln, das sie nach dem Tod Hahnemanns einmal erben sollte. Unter anderem hielt sie Hahnemanns letztes Werk, den 6. Band des »Organons«, für Jahrzehnte der Öffentlichkeit fern, da sie einen nicht bezahlbaren Preis erwartete. Erst 1920 mussten die Erben von Hahnemanns zweiter Frau diesen wertvollen Schatz auf Druck vieler Homöopathen aus aller Welt freigeben.

So ganz hat Hahnemanns junge Frau ihren Mann aber dennoch nicht verändern können: Hahnemann bestand darauf, dass an einem Tag in der Woche alle Armen und Bedürftigen kostenlos in seiner Praxis Hilfe fanden. An diesen Tagen arbeitete Hahnemann dann bis zum Umfallen.

Samuel Hahnemann starb am 2. Juli 1843 im Alter von 88 Jahren. Bis wenige Wochen vor seinem Tod führte er seine Praxis erfolgreich und unermüdlich. Doch selbst nach seinem Tod war dem Meister die wohlverdiente Ruhe nicht gegönnt, selbst im Tod zwang man ihn zu einem letzten Umzug. Hahnemanns Frau beerdigte ihren Mann auf einem Armenfriedhof, was einige amerikanische Homöopathen nicht ertragen konnten. Sie setzten durch, dass die Gebeine Hahnemanns auf einen Prominentenfriedhof verlegt wurden. Auf dem Gedenkstein kann man heute noch lesen: »Hahnemann, Gründer der Homöopathie.«

»Wer selbst in Not und Elend saß, der weiß Not und Elend des Nächsten zu würdigen. Jener Arme bedarf zumeist unseres Mitleids, der selbst arm und verlassen, von den Ärzten aufgegeben und von den Medikamenten und Heilmitteln verlassen ist. Leute dieser Art zähle ich in großer Menge zu meinen Freunden. Hart, gewissenlos und undankbar wäre es mir vorgekommen und käme es mir immer noch vor, solchen Verlassenen die Tür zu verschließen, jene Hilfsquellen zu verweigern, welche mir selbst in meiner Not Heilung und Rettung gebracht haben ...«

Pfarrer Sebastian Kneipp

(1821–1897)

»Wenn es für mich ein Heilmittel geben wird, so wird es das Wasser sein.«

Herbst 1894

Der Tag geht zur Neige. Die Menschen vor der Peterskirche in Rom verlaufen sich. Am Rande des riesigen Platzes unter den Kolonnaden sitzen zwei Priester. Der eine, noch sehr jung, erklärt dem älteren die Schönheiten des Domes, die prächtige Kuppel Michelangelos und die gewaltige Fassade, die der Baumeister Bernini davorgesetzt und mit zahllosen Plastiken geschmückt hat

Der alte Herr, aufrecht wie ein Baum, eine kraftvolle, mächtige, in einen langen schwarzen Mantel gehüllte Gestalt, hört ihm nicht zu. Ihn bewegen ganz andere Dinge.

»Sag mir noch einmal«, unterbricht er den Redeschwall seines jungen Begleiters, »sag mir, wer hat mich für heute Abend in den Vatikan bestellt? Ist es ein Monsignore? Ein Bischof? Ein Kardinal? Aus dem Schreiben, das ich bekommen habe, geht es nicht hervor.«

Der junge Kaplan schüttelt den Kopf. »Ich weiß es nicht. Doch es muss sehr wichtig sein. Man hat die Angelegenheit jedenfalls sehr dringlich gemacht.«

Der Alte sinkt etwas in sich zusammen. »Ich kann's mir schon denken. Vermutlich hat mich wieder einmal ein lieber Mitbruder angeschwärzt. Oder die Ärzte haben sich nach Rom gewandt, damit mir endlich das Handwerk gelegt werde. Aber was soll ich denn tun? Darf ich die armen Schlucker, die zu mir kommen, die von allen Seiten aufgegeben sind und keine Hoffnung mehr haben, sag, darf ich sie fortschicken?«

Der Kaplan lacht und blickt den alten Herrn schelmisch an. »Ich habe bei Ihnen ein paar Leute gesehen, die waren wirklich keine armen Schlucker, sondern Minister, Generäle, Fürsten. Die Reichsten der Reichen aus aller Welt!«

Diese Äußerung schien dem Alten höchlichst zu missfallen. Mit einer herrischen Bewegung wischte er sie fort. Dann donnerte er: »Und wie viele von denen habe ich weggeschickt? Und wer, wenn nicht die Reichen, hätte mir die finanziellen Möglichkeiten gegeben, Spitäler zu bauen, damit ich darin die Armen behandeln kann?«

Ungeduldig blickte er auf seine Taschenuhr: »Die Zeit ist stehen geblieben. Wir müssen noch eine halbe Stunde warten. Aber was ist dann? Wird man mir das Heilen verbieten?« Mehr zu sich selbst als zu seinem Begleiter murmelte er: »Ich müsste diesmal gehorchen. Doch Gott allein weiß, wie schwer es mir fallen wird.«

»Aber Sie sind vom Vatikan doch vor kurzem erst zum päpstlichen Geheimkämmerer ernannt worden. Das war doch Anerkennung und Auszeichnung. Ich kann mir beim besten Willen nicht vorstellen, dass man nun eine Kehrtwendung vollziehen will«, wagt der Kaplan noch einmal einzuwenden. Doch er merkt schnell, dass man ihm auch diesmal nicht zuhört.

Der 73-jährige Pfarrer auf dem Petersplatz ist der weltberühmte Sebastian Kneipp. Es ist der Mann, der die Kneippkuren in die Naturheilkunde eingebracht hat. Die wohl einfachste, aber auch eine der wirkungsvollsten Heilweisen überhaupt. Nun ist er in später Abendstunde in den Vatikan gebeten. Und der sonst so resolute, unbeirrte Pfarrer ist unruhig. Er fürchtet, sein Lebenswerk, dem er sich so viele Jahre bei Tag und Nacht gewidmet hat, könnte zerstört werden. Kneipp hat viel erlebt. An Anfeindungen, an Intrigen, an Verleumdungen. Und immer wieder ist ihm die Frage gestellt worden: »Tust du das alles nur aus verwerflichem Ehrgeiz? Wäre es nicht doch besser, das Heilen den Ärzten zu überlassen und sich mit der eigentlichen Aufgabe, der Seelsorge, zu befassen?«

»Man kann keine Seelen retten, solange man nicht bereit ist, für das Wohl und die Gesundheit der Menschen zu sorgen«, murmelt der betagte Pfarrer und blickt wieder besorgt auf seine Taschenuhr. Und wie im Film läuft in dieser Stunde sein Leben vor ihm ab. Ein Leben, das eigentlich nie eine Chance hatte – das er sich jedoch gegen alle Widrigkeit ertrotzt hat.

Der Sohn eines armen Leinenwebers aus Stephansried, einem winzigen Dörfchen bei Ottobeuren im bayrischen Schwaben, geboren am 17. Mai 1821, wenige Tage nach dem Tod Napoleons, hat schon mit elf Jahren nur einen Wunsch: Er will Priester werden. Doch es gibt niemanden, der ihm dabei helfen will oder helfen kann.

Mit 18 Jahren beschließt Sebastian, sich das Geld für das Studium selbst zu verdienen. So arbeitet er Tag und Nacht und legt drei Jahre lang Kreuzer auf Kreuzer, um das nötige Geld zusammenzubringen. Er ist wild entschlossen, sein Ziel zu erreichen.

Doch das Schicksal kennt keine Gnade. Erst stirbt seine Mutter an der galoppierenden Schwindsucht. Und als er sein kleines Vermögen aus dem Versteck unter dem Dach seines Elternhauses holen will, brennt das Haus ab. Die Ersparnisse sind weg. Ihm bleiben nur ein Hemd und eine Zwillichhose. Die meisten hätten in diesem Augenblick wohl gesagt: »Gott hat mir ein Zeichen gegeben, dass er mich nicht als Priester haben will. Also muss ich mich bescheiden.«

Nicht Sebastian Kneipp. Im Gegenteil. »Wenn es Gott haben will, kann es doch noch geschehen!«, trotzte er. Der 21-Jährige ist entschlossen, jetzt erst richtig anzufangen.

Und nun hat er endlich auch einmal ein wenig Glück. Er begegnet dem Kaplan Dr. Merkle, der fortan seine schützende Hand über ihn hält. Merkle erteilt ihm unentgeltlich Unterricht. Und er findet für ihn Familien, die ihm reihum zum Essen einladen. Das ist die große Chance für Sebastian. Als Dr. Merkle in Dillingen Theologieprofessor wird, nimmt er den jungen Kneipp mit. Mit 23 ist der so weit, dass er in die Untersekunda im Gymnasium eintreten kann. Endlich. Der Weg scheint geebnet.

Doch nun steht Sebastian plötzlich vor der Katastrophe, schlimmer als jemals zuvor. Und diesmal grenzt Hoffen an Wahnsinn: Sebastian Kneipp erkrankt an offener Tuberkulose und kann bald kaum mehr das Bett verlassen. Beide Lungenflügel sind befallen. Mit eisernem Willen zwingt er sich, das Pensum zu bewältigen und der schlimmen Krankheit die Stirn zu bieten. Im Herbst 1848, mit 27 Jahren, schafft er denn auch die Reifeprüfung. Doch niemand, auch nicht sein Gönner Professor Merkle, glaubt daran, Sebastian könnte das Studium beginnen.

Doch der Wille des jungen Kneipp ist stärker. Er erscheint pünktlich zum Studium. Als er allerdings einsehen muss, dass er kaum in der Lage ist, den Vorlesungen zu folgen und etwas vom Gehörten zu behalten, wird ihm klar, dass er sich nicht nur den Studien, sondern mit gleichem Eifer der Heilung seiner Krankheit widmen muss.

Nun beginnt er zu forschen, was ihm helfen könnte, die Tuberkulose zu besiegen. Das immer häufigere Blutspucken hat ihn inzwischen so geschwächt, dass er sich kaum mehr auf den Beinen halten kann.

Diesmal erweist sich das Schicksal als gnädig. Kneipp stößt auf eine alte Schrift des Schweidnitzer Arztes Dr. Sigmund Hahn: »Die wunderbare Heilkraft des frischen Wassers bei dessen innerlichem und äußerlichem Gebrauch auf die Leiber der Menschen durch die Erfahrung bestätigt.« Eine Schrift, die über 100 Jahre alt, aber kaum irgendwo bekannt ist. Kneipp ist fasziniert und weiß instinktiv: »Das ist es!«

Nur: Er findet keine Anleitung, wie das Wasser anzuwenden ist. Also muss er diesen Weg selbst finden. Und weil er nun alles andere, nur nicht zimperlich ist, wählt er den Weg, der den schnellsten Erfolg verspricht: Er läuft dreiviertel Stunden hinunter zur Donau, stürzt sich dort in die eisigen Fluten, zieht sich, ohne sich abzutrocknen, wieder an und eilt nach Hause, wo er schweißgebadet ankommt.

Und er merkt sehr schnell: Das tut gut. So erzählt er später: »Also ging ich denn in der Woche dreimal in die Donau. Die Kälte mochte sein, wie sie wollte. Ich tauchte drei bis vier Sekunden in das eisige Wasser.«

Und nun fühlte er sich von Tag zu Tag wohler. Sebastian Kneipp setzt seine Theologiestudien am Priesterseminar in München fort. Seine Gesundheit stabilisiert sich. Sein Geist wird wacher. Seine Wasser-Anwendungen werden fortgesetzt. Nachts, wenn die anderen schlafen, schleicht er sich aus dem Haus. An einem Wasserbecken schüttet er mit einer Gießkanne Wasser über seine Beine, seine Arme, seinen Körper. Das ist der Anfang der Kneippschen Güsse, die bald in aller Welt angewendet werden.

Das Wunder hat sich erfüllt. Als er sich nach Abschluss der Studien der strengen ärztlichen Untersuchung unterziehen muss, stellen die Ärzte fest, dass Sebastian Kneipp absolut gesund ist. Die Tuberkulose ist vollständig ausgeheilt.

So wird er 1852, mit 31 Jahren, im Augsburger Dom zum Priester geweiht. Am 24. August desselben Jahres darf er in Ottobeuren, wo er einst getauft wurde, seine Primiz feiern. Er ist am Ziel. Sein sehnlichster Wunsch hat sich erfüllt.

Und mit großem Eifer stürzt er sich auf die Arbeit als Seelsorger. Drei Jahre ist er Kaplan in Biberach, Boos und Augsburg. Doch schon in dieser Zeit zeigt sich, dass er nicht vergessen hat, was ihn vor einem frühen Tod bewahrt hatte. Und er kann das Wissen nicht für sich behalten. Wenn er kranke, hinfällige Leute in der Kirche beobachtet, dann geht er auf sie zu, nimmt sie beiseite und erzählt ihnen von der eigenen Heilung – mit der Empfehlung, das Wasser als Heilkraft doch auch auszuprobieren. Das bringt ihm gleich einmal Bußgelder ein.

Doch ein Sebastian Kneipp lässt sich nicht aufhalten. Er setzt sich hin, erarbeitet Rezepte zu Wasseranwendungen und händigt sie an kranke Mnschen aus. Und diese Rezepte sind von Anfang nicht etwa laienhaft, sondern bemerkenswert fachkundig. So verordnet er beispielsweise in einer Kurvorschrift, die er für eine junge Frau mit einer hartnäckigen Gelbsucht verfasst hat, Arm- und Fußbäder, die nicht länger als drei, vier Minuten dauern sollen, mehrmals in der Woche warme und kalte Wickel. Und natürlich Güsse. Doch gleich setzt er hinzu: »Wenn aber ins Wasser, so muss der Körper vollkommen warm sein!« Und Kneipp beschränkt sich von Anfang an auch nicht auf Wasseranwendungen, sondern entwickelt umgehend auch seine Pflanzenheilkunde, die bis heute ihre Gültigkeit behalten hat: »Morgens und abends Rettichsaft!«

Bald bekommt Sebastian Kneipp den Titel Cholerakaplan. Während seiner Kaplanszeit in Boos bricht nämlich eine Choleraepidemie aus. Sofort ist Kneipp zur Stelle. Es gelingt ihm, 42 cholerakranke Menschen in seiner Gemeinde zu retten. Auf recht einfache Weise: Mit seiner Kneippkur, mit heißen Essigwickeln, heißer Milch und Fenchel.

Ist es ein Wunder, dass dieser junge Kaplan, der sich als »Wunderheiler« betätigt und damit so viel Aufsehen erregt, die Kirchenbehörde beunruhigt? Werden die Ärzte und Apotheker nicht immer noch massiver gegen ihn angehen und schließlich ein Verbot seiner Heiltätigkeit fordern?

Zunächst versetzt man ihn nach Augsburg. Doch schon nach

einem halben Jahr schiebt man ihn ab in das Dorf Wörishofen. Nicht mehr als Kaplan, sondern als Beichtvater im Kloster der Dominikanerinnen. Das ist Sebastian Kneipp aber gerade recht. Zuerst kümmert er sich neben seiner Seelsorgearbeit um den Klostergarten und lässt darin Heilkräuter anpflanzen. Dann wendet er sich den Waisenkindern zu. Mit größtem Engagement. Und schon drängen sich wieder die armen, kranken Menschen an der Klosterpforte. Und der Beichtvater der Nonnen kann nicht anders: Er versucht zu helfen, wo es nur geht.

»Wer selbst in Not und Elend saß, der weiß Not und Elend des Nächsten zu würdigen«, verteidigt er sein Handeln. »Nicht alle Kranken sind in gleicher Weise unglücklich. Wer Mittel und Wege besitzt, sich Heilung zu verschaffen, kann sich leicht mit einer kurzen Leidenszeit aussöhnen. Solche Kranke wies ich selbst in den ersten Jahren zu Hunderten und Tausenden ab und ließ sie abweisen. Jener Arme bedarf zumeist unseres Mitleids, welcher selbst arm und verlassen, von den Ärzten aufgegeben und von den Medikamenten und Heilmitteln verlassen ist. Leute dieser Art zähle ich in großer Menge zu meinen Freunden. Denn solche Arme und gänzlich Verarmte, die nirgends mehr Hilfe bekommen, habe ich nie abgewiesen. Hart, gewissenlos und undankbar wäre es mir vorgekommen – und käme es mir immer noch vor –, solchen Verlassenen die Tür zu verschließen, ihnen jene Hilfsquellen zu verweigern, welche mir selbst in meiner Not Heilung und Rettung gebracht haben.«

So wird das Kloster in Wörishofen zur Zuflucht der Verlorenen, zum Ort der letzten Hoffnung für jene, die von den Ärzten aufgegeben sind. In der Waschküche der Nonnen verabreicht der Beichtvater seinen Patienten eigenhändig die Wassergüsse. Und er predigt ihnen, wie sie sich mit dem Wasser und mit Heilkräutern selbst helfen können. Der Zulauf zum »Wasserpfarrer« in Wörishofen wird immer größer. Es kommen Kranke aus allen Himmelsrichtungen. Unter ihnen auch zahlreiche geistliche Mitbrüder.

Schließlich kommt es, wie es kommen muss: Ein Arzt aus Wörishofen und der Bezirksarzt aus Türkheim zeigen Sebastian Kneipp beim Regierungspräsidenten in Augsburg an. Doch Kneipp hat Glück. Der Regierungspräsident weist die Klage zurück. Er hat zu viel Gutes über Pfarrer Kneipps Tätigkeit gehört: »Die Handlungsweise des Beichtvaters Kneipp im Dominikanerkloster zu Wörishofen ist nicht nur nicht straffällig, sondern vollkommen korrekt.«

Kneipp kann weitermachen. Doch nun taucht ein neues Problem auf: Der kleine Ort Wörishofen kann die Massen bald nicht mehr aufnehmen, die hierher strömen. Es gibt nur zwei kleine Gasthöfe im Ort. Und die Gemeinde sieht das Wirken des Klosterpfarrers mit recht gemischten Gefühlen.

Die Wende ergibt sich, als der Ortsgeistliche in Wörishofen stirbt und Sebastian Kneipp die Pfarrei übernimmt. Nun entdecken die Wörishofener plötzlich doch die einmalige Chance, zum weltberühmten Kurort zu werden. Ihr Pfarrer hilft ihnen dabei. Er baut

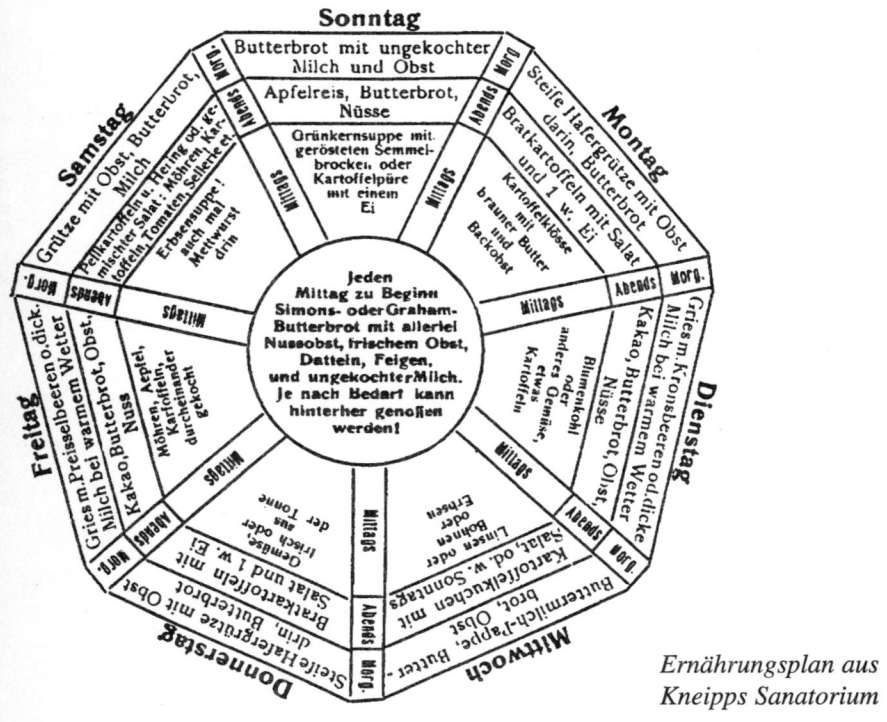

Ernährungsplan aus
Kneipps Sanatorium

184

ein »Priesterhaus«, in dem kranke geistliche Mitbrüder unterkommen sollen, ein Kinderasyl und schließlich ein großes Krankenhaus.

Das alles finanziert er aus dem Erlös seiner Bücher und Vortragsreisen. Um diese Bauten herum blüht Wörishofen auf. Mit Pensionen und Kurheimen. Und die Wörishofener machen richtig mit. Es werden nicht nur Anlagen für Güsse und Wassertreten gebaut. Man richtet in den Gaststätten und Kurheimen eine eigene Wörishofener Küche ein, die gesunde Vollkost nach den Richtlinien von Pfarrer Kneipp anbietet. Es gibt dort die Klosterkraftsuppe, das Klosterkraftbrot, Hafermehlspeisen und Honigwein.

Der Bann ist gebrochen. Pfarrer Kneipp kann nun unbehelligt seine Wasser-Therapie betreiben. Doch er ist vorsichtig geworden. Und er bildet sich auch nicht ein, allein alles über Heilmethoden zu wissen. Deshalb holt er sich Ärzte nach Wörishofen, die seine Methode vertreten und medizinisch absichern. Der erste ist ein Chirurg, Dr. Bernhuber. Er begleitet und unterstützt Pfarrer Kneipp, geht aber, nachdem er alles erfahren hat, nach Rosenheim, um dort eine eigene Kuranstalt nach Kneipps Methoden zu eröffnen.

Ihm folgt Dr. Kleinschrod. Er hat von Kneipps sensationellen Heilerfolgen gehört und will an Ort und Stelle erfahren, was an der Kneippkur dran ist. Und dann versucht er, diese wissenschaftlich-medizinisch zu untermauern. Doch auch dieser Arzt geht bald wieder, um in Lothringen eine eigene Naturheilanstalt zu begründen. So kommen und gehen nacheinander eine Reihe neugieriger, interessierter Ärzte. Schließlich ist es Dr. Alfred Baumgarten, der im Sommer 1892 zu Pfarrer Kneipp kommt und bis zu seinem Tod bei ihm bleibt.

»Ich selbst habe nichts sehnlichster gewünscht, als dass ein Mann von Beruf, ein Arzt, mir diese schwere Last und drückende Arbeit abgenommen hätte. Ich trage kein innigeres Verlangen und Wünschen, als dass endlich die Leute vom Fach allgemeiner und umfassender auch die Wasserheilmethode gründlich studieren und in die Hand und Aufsicht nehmen mögen. Ein solcher wolle diese Laienarbeit ›Meine Wasserkur‹ als kleines Hilfsmittel betrachten.«

Um dies zu erreichen, schreibt Pfarrer Kneipp ein Buch nach dem anderen. Und er reist auch noch als alter Mann durch die Lande, um seine Heilmethode publik zu machen. Überall entstehen Kneipp-Vereine, nicht etwa nur in Deutschland, sondern auch in Österreich, in der Schweiz, in Frankreich, in den USA ebenso wie in Afrika. Man gründet sogar einen Welt-Kneipp-Verein. Man kneippt landauf, landab. Doch Pfarrer Kneipp möchte noch mehr. Er schreibt an den Prinzregenten Luitpold von Bayern und bittet ihn, er möchte doch dafür sorgen, dass die Hydrotherapie zum Pflichtfach an der Universitäten eingerichtet wird. Diese Bitte bleibt allerdings ohne Antwort.

Was ist nun am Wasser so heilkräftig? Was hat Pfarrer Sebastian Kneipp in seiner Not als todkranker junger Mann erkannt und zu einem Heilsystem ausgebaut?

Die Kneipp-Therapie ist eigentlich keine Wasser-Therapie. Wasser ist lediglich das wirkungsvollste Hilfsmittel einer Reiz-Therapie: Der Körper wird durch wechselnde Wärme- oder Kälteeinwirkungen zu Reaktionen gezwungen, die seine eigenen Heilkräfte trainieren und zum richtigen Reagieren veranlassen.

Das Immunsystem unseres Körpers ist ein Wunderwerk, vielleicht das vollkommenste, was es auf dieser Erde zu finden gibt. Wenn es trotzdem immer wieder versagt, Krankheiten zulässt oder gar völlig zusammenbricht, dann hauptsächlich aus zwei Gründen: Entweder es existiert eine unentwegte Überforderung, oder aber es wird zu wenig gefordert und ist im Notfall nicht ausreichend trainiert.

Unser Organismus ist äußerst rationell konstruiert. Kein einziges Organ, auch keine Organgruppe, hat nur eine einzige Aufgabe zu erfüllen, sondern es müssen immer zugleich mehrere Leistungen nebeneinander bewältigt werden. Das bringt es mit sich, dass eine Aufgabe in bestimmten Situationen zu Gunsten anderer vernachlässigt oder gar momentan ausgesetzt wird. So hat beispielsweise

186

unser Blutkreislauf nicht nur die Aufgabe zu erfüllen, alle der vielen Milliarden Zellen zu versorgen, mit Abwehrkräften zu versehen und »Abfälle« der Stoffwechselprozesse wegzuschaffen. Er spielt auch die eigentliche Rolle bei den Temperaturregelungen im Körper. Bei der Wahrnehmungen dieser vielfältigen Aufgaben kann es nun sehr schnell zu Konflikten kommen: Was ist im Moment wichtiger? Was muss Vorrang haben?

Bei den häufigsten Infektionen, die uns heimsuchen, sprechen wir ganz selbstverständlich von Erkältungen, obwohl wir genau wissen, dass die Kälte nicht schuld sein kann. Es handelt sich ja um eine Infektion. Die Kälte selbst begünstigt diese Infektion nicht einmal. Denn gerade dann, wenn es draußen klirrend kalt ist, leiden die wenigsten an einer »Erkältung«. Und doch ist die Bezeichnung im Grunde richtig. Denn wenn unser Körper zu empfindlich oder zu schwach auf Temperaturschwankungen reagiert, dann eben beginnt die Nase zu tropfen und der Hals zu kratzen. Damit fangen wir an zu husten oder liegen gar mit einem grippalen Infekt im Bett.

Der Zusammenhang ist offensichtlich: Das Immunsystem und die Wärme- und Kälteregulierung unseres Körpers sind von der gesunden Durchblutung der Haut und der Schleimhäute abhängig. Die Welt, in der wir leben, ist im Grunde lebensfeindlich. Eigentlich dürften wir gar keine Überlebenschance auf dieser Erde besitzen, weil allein von den Temperaturschwankungen her die Voraussetzungen für menschliches Leben viel zu schlecht sind. Unser Organismus braucht für ein gesundes Funktionieren ziemlich genau 37 Grad »Betriebstemperatur«. Schon Abweichungen um drei Grad nach oben oder unten können lebensbedrohlich werden. So unvorstellbar winzig ist der Lebenspielraum. Die raue Wirklichkeit dagegen bietet nicht selten Temperaturstürze innerhalb weniger Stunden von 20 Grad und mehr. Im Sommer kann das Thermometer auf 40 Grad klettern, im Winter auf bis zu 30 Grad selbst in unserem gemäßigten Klima absinken. Unser Körper muss so oder so seine 37 Grad halten, entsprechend zusätzlich wärmen oder kühlen – also auf die Außentemperatur die richtige Einstellung finden.

Es kommt noch hinzu, dass der Körper, vergleichbar einem Motor, ständig Wärme an die Außenwelt abgeben muss. Wenn kein Gefälle zwischen innen und außen bestünde, müsste er überhitzen. So sollte die Außentemperatur, damit wir uns richtig wohl fühlen, eigentlich immer zwischen 18 und 20 Grad betragen. Das wird allerdings sofort wieder anders, wenn wir uns körperlich anstrengen oder üppig speisen. Dann steigt die »Verbrennungswärme« im Körper erheblich an, und es muss auch mehr Wärme nach außen abgestrahlt werden.

Ein perfektes Kühl- und Heizungssystem macht es möglich, solche Temperaturschwankungen verkraften zu können. Ist es draußen kalt, verkleinert der Organismus zunächst die Kühlfläche Haut. Wir bekommen eine Gänsehaut. Zusätzlich stellen sich die Haare auf, sodass sich auf der Haut eine gewisse Isolierschicht bildet. Genügt diese Maßnahme nicht, folgt der nächste Schritt: Wir beginnen zu schlottern. Viele Muskelpartien bewegen sich und versuchen damit, zusätzliche Wärme zu bilden. Ist auch das noch nicht genug, schnüren Millionen kleiner Muskeln die feinsten Blutgefäße unter der Haut ab, sodass das Blut nicht mehr in die äußersten Regionen fließen und sich dort zu sehr abkühlen kann. Entsprechend wird die Haut bleich.

Das ist aber der Augenblick, auf den die Krankheitserreger gewartet haben. Jetzt stehen ihnen die Zugänge zum Organismus offen. Die Abwehrzellen haben ihre »Wachposten« verlassen und sich mit dem Blut ins Körperinnere zurückgezogen.

Ähnlich ist es bei großer Wärme oder Hitze. Liegen die Außentemperaturen deutlich über 20 Grad, kann der Körper nicht mehr ausreichend Wärme abgeben. Es käme zu einem Wärmestau, würde nicht ein fein ausgeklügeltes »Kühlsystem« für die notwendige Regulierung sorgen: Zunächst schickt es so viel Blut wie nur möglich in die Haut, damit es sich dort abkühlen kann. Die Haut wird entsprechend rot. Weil sich die Haut aber nach und nach selbst erwärmt, muss sie nun zusätzlich gekühlt werden. Aus vielen hunderttausend Poren tritt Schweiß aus. Er verdunstet auf der warmen

188

Haut. Bei der Verdunstung wird aber viel Wärme verbraucht. Sie wird der Haut entzogen, die damit kalt wird.

Dieser Vorgang macht es möglich, in der Sauna Lufttemperaturen von 100 Grad ohne Hitzestau und Verbrennungen zu verkraften. Die Haut bleibt relativ kühl. Ganz anders ist es bei einem heißen Vollbad. Weil der Schweiß im Wasser nicht verdunsten kann, findet keine ausreichende Kühlung statt. Es kann schon bei 40 Grad Wassertemperatur zu einem gefährlichen Hitzestau kommen.

Das bedeutet aber wieder: Da die Haut bei gut funktionierendem Kühlsystem bei größten Außentemperaturen kühl und damit schlecht durchblutet bleibt, kann man sich auch im Sommer »erkälten« oder die so genannte Sommergrippe holen.

Verständlich: Wenn solche Notmaßnahmen relativ selten bleiben oder nur für wenige Augenblicke andauern, vermag der Organismus den eingetretenen Fehler rasch zu korrigieren. Werden solche »Abriegelungen« der Haut aber zum Dauerzustand, weil der Körper auf kleinste Temperaturschwankungen überempfindlich reagiert, gerät das körpereigene Abwehrsystem rasch an den Punkt, an dem es nicht mehr alle Aufgaben erledigen kann. Die Anfälligkeit für Infektionen und das Dulden von Infektionen machen krank.

Damit wird deutlich, warum ein scheinbar so unbedeutendes Frösteln verhängnisvoller sein kann als ein richtiges Frieren: Man bekommt kalte Füße, die sich den ganzen Tag über nicht mehr richtig erwärmen. Die Kälte kriecht in den Unterleib, wodurch sich Harnwegsinfektionen oder Eileiterentzündungen ergeben können. Vom unterkühlten Rücken, der auch beim heftigsten Schwitzen immer zuerst kalt und schlecht durchblutet wird, sind in erster Linie die Nieren in Mitleidenschaft gezogen.

Der junge Kneipp hat über solche Zusammenhänge nicht nachgedacht, als er zur Donau eilte, um sich in die kalten Fluten zu stürzen. Er hat aber instinktiv richtig erkannt und das später systematisch ausgebaut: Es gibt keinen besseren Weg, den Körper zu Reaktionen zu zwingen, als eben den, ihn mit wechselnden Temperaturen zu konfrontieren. Denn auf sie muss er umgehend reagieren.

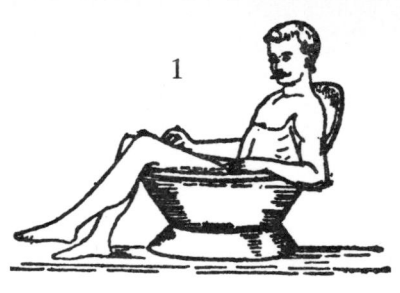

Kneippsche Anwendungen aus
einem alten Lehrbuch:
1) Sitzbad, 2) Rückenguss,
3) Oberguss

Mit Wärme erreiche ich umgehend, dass die Haut besser durchblutet wird. Mit Kälte verriegele ich zunächst die Blutzufuhr zur Haut – trainiere den Körper aber dahin, die Abriegelung sobald wie möglich mit einer besonders guten Durchblutung wieder aufzuheben.

Die Kneippkur in allen ihren Anwendungen, von den Armbädern über das Wassertreten, über Barfußlaufen durch den Morgentau bis hin zu heißen und kalten Wickeln verfolgen alle dieses eine Ziel: Der Körper muss lernen, Überempfindlichkeiten abzulegen und zu lasche Reaktionen zu vermeiden. Er muss trainiert werden, prompt, aber jeweils angemessen zu reagieren. Das Wasser hilft dabei deshalb so gut, weil es 200 Mal intensiver auf die Haut einwirkt als Luft.

Mit Pfarrer Kneipp ist der Begriff »Abhärtung« aufgekommen. Doch es geht bei den Kneippkuren nicht darum, Rosskuren ertragen zu können, mörderischer Kälte oder Hitze gewachsen zu sein. Es geht um das Wechselspiel der Temperaturen, die auf den Körper einwirken und seine Reaktion auslösen. Pfarrer Kneipp hat seine Patienten nicht in die Donau getrieben. Seine Methoden sind mit jedem Jahr sanfter geworden, weil er erkannt hat, dass der Trainingseffekt mit sanfteren Methoden noch besser zu erreichen ist. Schwache Reize wirken intensiver als massive Maßnahmen. Denn: Auf massive Einwirkungen reagiert ja auch der untrainierteste Organismus, das Problem ist aber, dass er auf die weniger intensiven entweder zu heftig oder überhaupt nicht antwortet.

Und so warnte Pfarrer Kneipp auch immer nachdrücklicher vor Gewaltmaßnahmen. Das Grundprinzip seiner Kur heißt: Am Anfang muss immer erst die Wärme stehen. Die Anwendung warmer Arm- oder Fußbäder sollte immer lange genug dauern. Und nur wenn der Körper nicht fröstelt oder gar friert, darf dann das kalte Wasser angewendet werden. Und auch dann immer nur sehr kurz.

Das alles geht dem alten Herrn auf dem Petersplatz durch den Kopf, als er auf die Audienz im Vatikan wartet. Endlich ist es so weit. Der Prälat erscheint und bittet Pfarrer Kneipp mit ihm zu kommen. Die beiden gehen durch endlose Gänge, steigen Treppen. Endlich sind sie angekommen. Und dann steht der einfache Pfarrer aus Wörishofen dem Papst gegenüber. Leo XIII. winkt ihn zu sich.

»Ich habe viel über Sie erfahren. Wie kommt ein Priester dazu, den Ärzten derart ins Handwerk zu pfuschen?«, fragt er den völlig verwirrten Pfarrer. Sebastian Kneipp antwortet unerschrocken:

»Heiliger Vater, ich konnte nicht anders. Ich bin dank Gottes Gnade durch meine Methode selbst gerettet worden. Musste ich meine Erfahrung nicht an arme kranke Menschen weitergeben?«

Der Papst nickt. »Gewiss. Doch schmeichelt es nicht sehr, so berühmt und angesehen zu sein? Die ganze Welt spricht über Sie!«

Pfarrer Kneipp blickt verlegen zur Seite. »Ich habe mein geistliches Amt nicht vernachlässigt. Und den Ruhm wollte ich nicht. Ich wollte nur helfen ...«

Nun lacht der Papst und winkt ihn noch näher zu sich. »Keine Sorge. Ich habe Sie nicht rufen lassen, um Sie zu tadeln. Ich wollte nur erfahren, ob Sie nicht auch für mich ein Rezept haben. Sehen Sie, ich finden keinen Schlaf mehr. Dann quälen mich tausend Gedanken. Und wenn ich morgens aufstehen muss, fühle ich mich müde und zerschlagen.«

Nun ist Pfarrer Kneipp wieder obenauf. Und er wird geradezu mutig: »Das ist doch kein Wunder, wenn man sich bis zum Einschlafen mit Problemen befasst und dann darüber nachgrübelt. Auch ein Papst kann nicht alles so richten, dass es gut wird. Heiliger Vater, Sie werden wieder gesund und erholsam schlafen, wenn Sie eine halbe Stunde vor dem Schlafengehen einfach Armbäder machen. Tauchen Sie Ihre Hände und Arme in eine Schüssel mit warmem Wasser. Ruhig drei, vier Minuten lang. Dann, ganz kurz nur, vielleicht fünf Sekunden, in eine Schüssel mit kaltem Wasser. Trinken Sie einen Kräutertee mit Melisse, Baldrian und Hopfen. Und dann denken Sie an etwas besonders Schönes und schlafen mit frohen Gedanken ein. Versuchen Sie es. Das wirkt umgehend.«

»Das ist alles?« Ungläubig blickt der Papst den Wasserpfarrer an. »Ich werde Ihren Rat befolgen.«

Offenbar hat es geholfen. Denn Papst Leo XIII. war fast 94 Jahre alt, als er 1903 verstarb. Er hat Pfarrer Kneipp um sechs Jahre überlebt.

Pfarrer Kneipp fühlt sich nach dem Besuch in Rom und der erfahrenen Ehre der Audienz beim Heiligen Vater sichtlich gestärkt. Sein ständiges Ringen mit der Frage, ob ein Laie heilen darf, war für ihn endgültig entschieden. Er reiste weiterhin durch die Lande, verfasste einen Pflanzenatlas und notierte Heilrezepte. Bis zum Jahr 1897.

Auf einmal fühlt er er sich alt und nicht mehr leistungsfähig. Das rechte Bein schwillt an und der Leib ist stark aufgetrieben. Dr. Baumgarten stellt ein großes Geschwulst fest und drängt zur

Operation. Doch Pfarrer Kneipp fürchtet, er könnte seine eigene Heilmethode verraten. Er will nicht wahrhaben, dass er ernsthaft krank ist. So macht er Sitzbäder und trinkt seine Teemischungen. Doch das Leiden wird immer schlimmer. Am Fronleichnamstag, dem 17. Juni 1897, verstirbt Pfarrer Sebastian Kneipp im Alter von 76 Jahren.

*»Ich sah, dass alle Werke Gottes im letzten Grund
unerforschlich sind und so wieder den Stempel
des ewigen, unerforschlichen Gottes tragen.
Oder wer könnte erklären, wie das Gras aus dem
Erdboden gerade jene Stoffe aufnimmt, welche
Micht, Butter, Käse erzeugen? Und dass das Gra
›weiß‹, wieviel von diesen es in die Halme, Blüten
und in den Samen bringen muss? Bis jetzt haben
die Gelehrten aus dem Gras keine Milch
produzieren können. Die Kuh jedoch kann es.
Aber sie ›weiß‹ auch nicht, wie es geht, ist aber
dafür eingerichtet. Diesen Stempel tragen alle
Wesen im Weltall, vom kleinsten Atom bis zum
Elefanten.«*

Pfarrer Johann Künzle

(1857–1945)

*»Das Geheimnis des langen Lebens liegt in der
Erkenntnis und Befolgung der natürlichen Ordnung.«*

August 1920

Es war in aller Herrgottsfrüh, der Pfarrer kam gerade von der Messe drunten in der Dorfkirche von Zizers, als laut und heftig an die Haustüre geklopft wurde. Draußen stand ein Bauer mit seinem Jungen. »So machen Sie doch auf! Sie müssen dem Bub helfen. Es ist wirklich dringend. Der Doktor will ihm den Daumen abschneiden!«

Pfarrer Johann Künzle, der »Kräuterpfarrer«, der über alle Lande dank seiner sensationellen Heilerfolge bekannt geworden war, weilte erst seit drei Tagen in Zizers, im schönen Bündnerland. Im Kanton St. Gallen war ihm der Boden unter den Füßen zu heiß geworden: Laut Gesetz war das Behandeln kranker Menschen nur den Ärzten erlaubt. Heilpraktiker wurden nicht geduldet.

Doch was hätte Pfarrer Künzle denn tun sollen? Die Leute hatten ihm in Wang die Tür eingelaufen – weil er offenkundig etwas vom Heilen verstand und Riesenerfolge erzielte.

Als die schwere Grippeepidemie des Jahres 1918 die Menschen zu Millionen dahinraffte – sie forderte mehr Tote als der gerade zu Ende gegangene erste Weltkrieg –, blieb die Gemeinde Wangs wie eine Insel praktisch unberührt. Stolz konnte Johann Künzle hinterher berichten: »Sicher ist auf alle Fälle, dass ich im Grippejahr 1918 die Angriffspunkte der heimtückischen Krankheit fand und in meiner Pfarrei die entsprechenden Maßnahmen ergreifem konnte. Niemand in Wangs starb an der Grippe – außer zwei Männern, die schon schwer krank aus der Ferne heimkehrten.«

Es waren eben solche Erfolge, die den ansässigen Arzt bewogen, den heilkundigen Pfarrer bei seinem Bischof anzuschwärzen. Und prompt bekam Künzle den »brüderlichen Rat«, er möge doch endlich mit dem »Doktern« aufhören. Kurz und knapp schrieb der Kräuterpfarrer seinem Bischof zurück: »Den Rat kann ich nicht befolgen. Wenn ich aber den Befehl erhalte, werde ich wie ein guter Soldat gehorchen.«

Hätte der bischöfliche Befehl wirklich etwas genutzt? Es gab eine wenigsten zunächst glückliche Lösung des Problems: Der Bischof von Chur, Georgius Schmid von Grüneck, besuchte den Kräuterpfarrer und lud ihn ein: »Kommen Sie in meine Diözese. Ich verschaffe Ihnen die Möglichkeit, ganz Ihren Kräutern zu leben.«

Dieses Angebot nahm Pfarrer Künzle an. Er kaufte sich in Zizers ein kleines »Gütli«, ein Haus mit Garten und Stall und Weide und zog um.

Was hatte er erwartet? Man würde ihn in aller Abgeschiedenheit forschen und experimentieren lassen? Man wüsste hier nicht, wer Pfarrer Künzle ist?

Das »Doktern« begann von neuem. Der Daumen des kleinen Bauernjungen sah wirklich böse aus. Er war dick angeschwollen und völlig vereitert.

Der geistliche Herr mit dem langen weißen Bart und der typischen runden Nickelbrille zögerte nur einen kurzen Augenblick, dann murmelte er: »Kommt herein! Ich darf zwar nicht, ich kann euch aber auch nicht wegschicken. Es wäre eine Sünde, den Finger abzuschneiden, oder es zuzulassen. Also denn: Ich hab' ja gar keine andere Wahl.«

Er führte den Bauern und dessen Sohn in die Küche, badete den kranken Daumen in Meisterwurztee und zeigte dem Vater, wie man Heublumenumschläge macht.

»So. Habt Ihr genau zugesehen? Das macht Ihr jetzt so lange, bis der Daumen wieder heil ist. Marsch, ab mit euch!«

Acht Tage später war der Daumen des Jungen tatsächlich vollkommen gesund. Und natürlich erzählte von dieser »Wunderheilung« einer dem anderen. Es kam, wie Pfarrer Künzle befürchtet hatte: Sein »Gütli« wurde zum Ziel unübersehbarer Pilgergruppen. Aus allen Himmelsrichtungen kamen die Kranken zur »Zuflucht der letzten Hoffnung«, zum Kräuterpfarrer Johann Künzle.

Wieder war es ein Arzt, der ihn anzeigte. Pfarrer Künzle musste vor dem Richter erscheinen und wurde zur Buße von 500 Franken verurteilt. Im Urteil stand die harte Androhung: »Bei erneuter Zuwiderhandlung gegen das Verbot der Quacksalberei muss der Angeklagte mit einer Strafe von 10 000 Franken und mit der Ausweisung rechnen.«

»Potztausend«, sagte der Kräuterpfarrer. »Täglich kommen Hilfsbedürftige aus allen Tälern Graubündens zu mir. Was soll ich tun? Die Armen und Kranken abweisen oder der Regierung den Gehorsam verweigern?«

Die Entscheidung wurde ihm abgenommen. Denn jetzt regte sich der Stolz der Schweizer Bürger: »Wir wollen Freiheit«, forderten die Bewohner von Graubünden. »Wir lassen uns kurieren, von wem wir wollen, und zwar von dem, der es kann. Wir lassen uns in unseren Tälern nicht knechten. Wir werden ja sehen, ob das Volk nichts mehr zu sagen hat. Es muss eine Initiative her, eine Volksbefragung. Bringt die Bogen, sammelt Unterschriften.«

Ehemalige Patienten des Kräuterpfarrers zogen von Haus zu Haus, von Dorf zu Dorf und sammelten Unterschriften. In kürzester Zeit war die erforderliche Zahl von 3000 weit überschritten. Noch wehrten sich die Ärzte, 150 von ihnen schrieben an den Großen Rat und forderten eine Ablehnung der Initiative, wie man das in der Schweiz nennt. Die Ärzte beschworen die Politiker, den Zugang für Heilpraktiker, Kurpfuscher, Scharlatane aller Art unter keinen Umständen freizugeben

Es kam zur Volksbefragung »Pfarrer Künzle«. Das Bündner Volk stimmte mit 12 500 gegen 8400 Stimmen für Pfarrer Künzle. Die Ärzte mussten fortan zulassen, dass er, und nur er, in Graubünden heilen durfte. Man verlangte von ihm allerdings eine Prüfung vor der Gesundheitsbehörde in Pflanzen- und Heilkräuterkunde.

Der 65-jährige Kräuterpfarrer legte sie ab. Die Leute, die ihn mit einem blumengeschmückten Wagen nach der Volksabstimmung vom Bahnhof abgeholt hatten, geleiteten ihn auch zur Sanitätsbehörde und ließen ihn hochleben, als er mit dem Patent in Händen wieder auf die Straße trat.

Das Volk hatte sich seinen »Heiler« gegen die Behörden ertrotzt. Nun kamen die Kranken nicht nur aus Graubünden, nicht nur vom Bodensee und aus den Alpentälern, sondern buchstäblich aus aller Welt. Selbst von Amerika reisten reiche Leute in die Schweiz, um den schlichten Pfarrer zu besuchen, der doch nichts anderes besaß als seine Kräuter. Es kamen der König von Serbien und der Maharadscha von Indore in Indien mit großem Gefolge. Es kamen Fürsten aus Deutschland, Großindustrielle aus England, Stars aus den USA, Grundbesitzer aus Irland. Der schlichte alte Mann im Priesterrock, halb verdeckt durch eine große grüne Schürze, war in den 20er und 30er Jahren der bekannteste Schweizer überhaupt. Bekannter noch als Professor Dr. Paul Niehans (1882–1971), der Vater der Frischzellentherapie, der so berühmte Patienten wie Papst Pius XII., Winston Churchill und Konrad Adenauer behandelte. Bekannter auch als Dr. Max Bircher-Benner, der mit seinem »Bircher-Müsli« im Sturm die ganze Welt eroberte und in dessen Sanatorium auf dem Zürichberg ebenfalls die Fürsten, Präsidenten, Minister, Wirtschaftskapitäne aus aller Welt Heilung suchten.

Der kleine Kräuterpfarrer aus Zizers hat ihnen den Rang abgelaufen. Er schrieb ein dünnes Buch unter dem Titel »Chrut und Unchrut« (Kraut und Unkraut). Es erlebte in kürzester Zeit Millionenauflage und wurde in alle wichtigen Sprachen der Welt übersetzt. Dem Bestseller folgte mit fast gleichem Erfolg ein Kräuteratlas. Der »Künzle-Kalender« wurde zum Volksbuch schlechthin, das Jahr für Jahr neu des Pfarrers Ratschläge, Lebenstipps in so ziemlich alle Familien des alemannischen Sprachraums trug. Die Heilkräuter, zu jener Zeit fast vergessen, wurden wiederentdeckt. Die Leute pflanzten sie wieder in ihren Hausgärten an und wandten sich einem »gesünderen« Leben zu.

Selten in der Menschheitsgeschichte dürfte ein Mensch so nachhaltige Wirkung gehabt haben wie Pfarrer Künzle – wobei er selbst bis zum heutigen Tag schlicht im Hintergrund geblieben ist. Sein eigentliches Geheimnis? Pfarrer Künzle erhielt weder Offenbarungen noch hatte er Visionen. Er versetzte sich nicht in Trance und er besaß auch keine entsprechende Vorbildung. Er war nichts anderes als ein sehr wacher, aufgeschlossener Mensch, der wie ein Kind mit großen Augen, unbekümmert und unbeirrbar durch »Gottes reichen Garten« ging und jede Begegnung und jede Entdeckung als besonderes Geschenk entgegennahm, um es dann, ungekünstelt und selbstverständlich, an die Menschen weiterzureichen.

Mit 11 Jahren hat Johann Künzle seinen geliebten Vater verloren. Mit 17 war er schwindsüchtig und dem Tode nahe, ein mageres Bürschlein, nur noch Haut und Knochen. Er lernte richtig atmen und wurde gesund. Als er 1880 von seinen Studien in Belgien zurückkehrte, war seine Mutter sterbenskrank. »Du bist ein guter

Mensch und praktisch veranlagt. Dir vertraue ich«, sagte sie, als er sie Tag für Tag in die Sonne trug und ihr Tee kochte. Und das Vertrauen hat sich gelohnt. Nach der eigenen Heilung wurde die Heilung seiner Mutter sein zweiter Erfolg. Sie wurde gesund wie viele tausend nach ihr.

Pfarrer Künzle kannte manche Rezepte der heiligen Hildegard. Der Zufall hatte ihm bei einer Versteigerung einen dicken Wälzer, das beste Medizinbuch des 18. Jahrhunderts, den berühmten »Tabernaemontanus«, in die Hände gespielt. Und er hatte dieses wunderbare Buch bald auswendig gelernt.

Doch der eigentliche Lehrmeister für den Kräuterpfarrer war die Natur selbst. Eigene Beobachtungen. Denn der Pfarrer war täglich wenigstens zwei Stunden lang in den Bergen unterwegs. Er bemerkte, dass Schafe die Schafgarbe vor allem dann fressen, wenn sie an inneren Verletzungen leiden. Er entdeckte, dass manche Vögel ihr Nest mit Tomatenblättern auspolstern, sobald sie von Ungeziefer geplagt werden. Er sah, dass Kühe mit steifen Gliedern sich vorzugsweise auf Hahnenfuß legen, dass verletzte Gämsen sich im Wegerich wälzen. Und vieles mehr.

»Was den Tieren gut tut, kann doch wohl auch den Menschen nicht schaden«, sagte Pfarrer Künzle. Und er fragte die Leute in den abgelegenen Tälern nach ihren Heilrezepten, wie es 400 Jahre früher Paracelsus in derselben Gegend schon getan hatte. Wenn er ihnen zusah, wie sie ihr Vieh mit Stroh abrieben oder ihm manchmal eine Pflanze ins Trinkwasser gaben, dann fragte er: »Warum tut ihr das?« Und da sie meistens nur eine Antwort geben konnten: »Weil das der Vater schon getan hat«, forschte er weiter, im alten Brauchtum den eigentlichen Sinn zu finden.

So war ihm nicht verborgen geblieben, dass ein und dasselbe Kraut von höchst unterschiedlicher Heilkraft sein kann, je nachdem, wo es gewachsen war. Kräuter in Föhngebieten wuchsen bedeutend stärker und kräftiger als in Bereichen, die keinen Föhn kannten. Also nicht nur Sonne und Regen, auch die Winde und die Bodenbeschaffenheit spielten bei Heilpflanzen eine Rolle.

Auffinden von verborgenen Quellen und Bodenschätzen mit der Wünschelrute

Pfarrer Johann Künzle wurde mit dem berühmten Pendler Abbe Mermet bekannt und benützte ab etwa dem 40. Lebensjahr selbst das Pendel, um Krankheiten zu entdecken und zu klären. »Seit uralter Zeit«, so begründete er das, »suchte man mit Hilfe des Pendels Quellen. Später fand man mit seiner Hilfe Kohlenlager, Metalle und so weiter. Warum sollte man mit dem Pendel nicht auch die Herde der Krankheiten im Körper feststellen können?« Das Pendel half ihm auch, neue Kombinationen von Pflanzenstoffen zu finden.

Am besten lernt man den Schweizer Kräuterpfarrer kennen, liest man, was er selbst über sich einmal geschrieben hat:

»Zunächst kümmerte ich mich nicht um meine Neider und meine Verleumder. Ich verbannte den Ärger und unterhielt mich, so oft ich angegriffen wurde, mit meinen treuen Haustieren, vor allem mit meiner anhänglichen Hauskatze und dem aufmerksamen Hund, die mich beide auf meinen täglichen Spaziergängen begleiteten. Meine stete Freude waren die Blumen und Beeren. Über alles liebte ich den Holunder. Bis in den Herbst hinein gehörte er zu meinem Abendessen. Jeden Herbst sammelte ich auch ganze Körbe voller Hagebutten, ebenso Berberitzen und Mehlbeeren. Meine viel empfohlene Frühlingskur führte ich stets selber durch.

Vor allem aber hielt ich einen bestimmten Tagesplan ein. Ich blieb Frühaufsteher und ging um fünf oder vier Uhr an die Arbeit, aber auch beizeiten zur Ruhe, gewöhnlich abends gegen neun Uhr.

Mein Essen war einfach: morgens Kaffee mit viel Milch oder Mehlsuppe oder Hafermus. Mittags Suppe, viel eigenes Gemüse, wenig Fleisch und Obst. Abends Suppe und Gemüse, je nach der Jahreszeit.

Als Student war ich abstinent, ohne einer Organisation anzugehören. Wenn ich trank, war es Most bis zum 40. Lebensjahr. Wein genoss ich von da an, im Alter etwa einen Zweier (ein Viertel), selten mehr. Wenn ich an großer Gesellschaft teilnehmen musste, was ich nicht gerne tat, trank ich grundsätzlich nur, was ich selbst eingeschenkt hatte. Ich ließ mir nie befehlen, wieviel ich zu trinken habe.

Mit dem Rauchen begann ich erst im 40. Lebensjahr, als ich Verdauungsstörungen bekam. Mit einem Stumpen (Zigarre) waren sie dann regelmäßig behoben. Bei dem vielen Sitzen und langweiligen schriftlichen Arbeiten rauchte ich mehr, jedoch nie ohne Röhrli (Zigarettenspitze)! Wo die Zeit es erlaubte, machte ich täglich zwei- bis mehrstündige Spaziergänge in Berg und Wald. Bis in die 70er Jahre war ich Alpinist und per du mit Gämsen, Sennen und Murmeltieren. Einmal machte ich eine Fußwanderung von Reichenau über Oberalp, Furka bis Zermatt und über Gemmi, Berner Oberland, Brünig, Samen, Flüeli, Ranft, Lechtal, Stans, dann über den See, dann Brunnen, Schwyz, Einsiedeln. Alles ohne einen Tropfen Regen. Das war im Jahre 1900. Bei mir hatte ich zwölf Paar ›Landjäger‹, zwei Fußbäder. Gekostet hat mich das Ganze 100 Franken.

*Das Grabmal
von Pfarrer Künzle
auf dem Friedhof
der Gemeinde
Vilters-Wangs,
Schweiz*

Seit ich 70 wurde, war ich auch mehrmals krank, mehr noch ab dem 80. Geburtstag.

Weltreise habe ich keine gemacht. Dafür spielte ich daheim mit guten Freunden etwa einen Jass [Schweizer Kartenspiel], jedoch grundsätzlich nie um Geld oder Geldeswert, daher auch nicht im Wirtshaus.

So liegt denn das Geheimnis des langen Lebens in der Erkenntnis und Befolgung der natürlichen Ordnung. Im übrigen ist es Gnade und Geschenk Gottes.

So. Das ist mein Patent und so lautet mein Rat. Nun wisst ihr's!«

Nichts erzählt Pfarrer Künzle davon, dass er seine reichen Einnahmen durch die Buchhonorare restlos verschenkt hat. Dass er grundsätzlich jeden behandelte, ob er nun Geld bei sich hatte oder nicht. Jeder, der leiden musste, tat ihm so sehr leid, dass er nach einem Heilmittel suchte.

Als ihm eines Tages ein Bauer auf eine Alm nachgestiegen kam, um von ihm geheilt zu werden, da brachen Ärger und Erbarmen gleichermaßen aus dem Herzen des Pfarrers. »Du geplagter Mann«, sagte er bekümmert, »du hättest nicht zu mir kommen müssen. Du hast die Medizin doch daheim. In deiner Wiese!«

Und anderen hielt er vor: »Macht doch die Augen auf! Ihr habt die Herrgottsapotheke direkt vor eurer Nase! Sie steht überall auf den Bergen.«

Und wenn ihm jemand über Depressionen, Kummer oder Traurigkeit klagte, dann meinte er fast grob: »Sucht Licht, Luft und Sonne. Geht hinaus, dann gehen Schwermut und Hysterie schon von selber weg.«

Die sechs Frühlingskuren

Das sind die Frühjahrskuren, von denen Pfarrer Künzle sagte, dass er sie selbst Jahr für Jahr gemacht hat:

>*»Wer klug für seine Gesundheit sorgen will, der benützt alljährlich im Frühling die unübertreff-baren Blutreinigungsmittel aus des Herrgotts großer Apotheke.*
>*Der menschliche Körper verlangt im Frühling geradezu die Blutreinigungskur. Im Winter musste manches im Körper liegen bleiben, was sonst nicht hineingehörte. Doch im Frühling, da regen sich die Kräfte. Es rumort überall: Ausschläge treten auf, man hat bald Kopfweh, bald Bauchweh oder sonst ein Weh. Essen mag man nicht so recht, ist müde, abgeschlagen. Viele packt es so*

energisch an, dass sie krank im Bett liegen.
Unterstützen wir das Verlangen des Körpers nach
allgemeiner Blutreinigung durch die Frühlingskur!
Erste Kur: *Zieh Handschuhe an und pflücke einen*
Korb voll junger Brennnesseln. Wasche sie tüchtig
und bereite sie zu, genau wie Spinat. Von diesem
Brennnesselspinat iss täglich einen Teller voll.
Zweite Kur: *Nimm ein Messer, geh auf die Wiese*
und stich Löwenzahn aus, mitsamt dem
Wurzelstock. Wasche das Kraut peinlich sauber.
Wechsle das Wasser mindestens dreimal! Bereite
daraus dann zusammen mit Brunnenkresse einen
Salat.
Dritte Kur: *Pflücke täglich einen Teller voll*
Bärlauch. Wasche ihn gut, zerhacke ihn wie
Schnittlauch und streue ihn über die soeben
angerichtete Suppe. Du kannst den Bärlauch auch
als Salat zubereiten, für sich allein oder mit
Gartensalat.
Vierte Kur: *Lebst du in einer Gegend, in der*
wilder Hopfen gedeiht, dann schneide
Hopfenschösslinge, zerhacke sie und wirf sie in
die Suppe, bevor sie angerichtet ist, lasse die
Suppe noch fünf Minuten sieden und genieße alles
miteinander.
Fünfte Kur: *Nimm einen Korb und eine*
Baumschere und schneide an den Hängen Schosse
von allerhand Sträuchern wie Berberitze,
Brombeeren, Schlehen, Hagrosen und so weiter.
Wirf daheim alles in einen Topf, überschütte es mit
heißem Wasser, decke es zu und lasse es eine halbe
Stunde ziehen. Hernach schütte das Wasser ab und
trinke davon den Tag hindurch dreimal je eine
Tasse voll, mit oder ohne Zucker. Halte das acht

Tage lang durch. Diese Kur macht gebrechliche,
schwache, alte Leute wieder jung und frisch.
Sämtliche fünf Kuren erfordern frische Kräuter.
Doch eine solche Frühlingskur vertreibt Elend und
Sorgen. Und das heißt, dem Tod die Rechnung
verderben!«

Die sechste Kur: *Es ist eine »moderne«*
Frühlingskur mit Pflanzensaft, die sich, so Künzle,
bewährt hat. Der Pflanzensaft wird aus jungen
Feldgemüsen gewonnen: aus Spinat, Feldsalat,
Kresse, Sauerampfer, Lattich, Schafgarbe,
Löwenzahn, Brennnessel, auch Radieschen.
Die Kräuter und Gemüse werden zunächst
gereinigt und dann eine halbe Stunde lang in
Salzwasser gelegt. Dabei lösen sich die
Erdbestandteile, Wurmeier und Keime am besten
von den zarten Blättern.
Dann zerkleinert man alles und drückt den
Pflanzenbrei durch einen Leinenbeutel. Der so
gewonnene Pflanzensaft wird in eine Glasflasche
abgefüllt und kühl aufbewahrt. Man nimmt davon
täglich dreimal einen Esslöffel. Der Geschmack
lässt sich durch Zitronensaft oder Honig
verbessern, wenn man nicht vorzieht, den
Pflanzensaft der Suppe als Würze beizugeben —
versteht sich nach dem Kochen, wenn die Suppe
schon im Teller ist! Man führt die Kur vier bis
sechs Wochen lang durch. Sie regt Darm-, Nieren-
und Hauttätigkeit an.

Diese kombinierte Künzle-Frühjahrskur, die man nicht unbedingt in allen Teilen befolgen muss, die eher für jeden Geschmack
eine gewisse Auswahl anbietet, hat nichts an Aktualität eingebüßt.
Sie kann heute ebenso wirksam durchgeführt werden wie vor 70, 90

Jahren – wobei selbst zubereitete Gemüsesäfte aus frischem, vielleicht sogar selbst angebautem Gemüse sicherlich noch besser sind als Fertigsäfte aus dem Reformhaus.

Wundermittel Holunder

Der Busch mit den schwarzen oder roten Beeren gehörte für den Kräuterpfarrer zu den Besonderheiten der Natur. Damit stand er ganz in der Tradition seiner Heimat – soll es im frühen Mittelalter doch keinen Bauernhof ohne Holunderstrauch gegeben haben. Er war gewissermaßen die Apotheke des Bauern.

Pfarrer Künzle schreibt über Holunder, der für ihn eine Art Allheilmittel darstellt:

> *»Der schwarze Holunder ist eine herrliche Gottesgabe. Wir sind uns seiner Heil- und Nährkraft nur viel zu wenig bewusst. Alles an ihm ist nämlich brauchbar und wirksam: die Wurzeln, die Rinde, die Blätter, die Blüten und die Beeren. Die Wurzelabkochung – Holunderwurzeln werden in kleine Stücke geschnitten und gekocht – ergibt einen Trank, der unschätzbar ist für Wassersüchtige und für Korpulente, die gerne wieder schlank werden möchten. Noch wirksamer ist das Abkochen der Wurzeln in Wein.*
> *Wenn man die graue, rissige Außenrinde wegschabt, kommt zwischen ihr und dem Holz eine hellgrüne Bastrinde zum Vorschein. Tee von dieser Rinde räumt mit schlechten Magensäften gründlich auf.*
> *Holunderblätter geben uns den einfachsten und besten Blutreinigungstee. Man nimmt einige Holunderblätter, schneidet sie klein und lässt den*

Tee etwa 10 Minuten lang sieden. Wer durch eine Frühlingskur Säfte und Blut reinigen will, nehme täglich des Morgens, eine Stunde vor dem Frühstück, eine Tasse Holundertee. Man setze diese Kur vier bis fünf Wochen fort. Der Tee lässt sich an einem kühlen Ort ganz gut einige Tage aufbewahren. Noch besser wirkt er, wenn man ihm einige Löffel Honig zusetzt, dann ist er auch dem Gaumen bekömmlicher.

Auflagen von frischen zerquetschten Holunderblättern heilen den Wurm am Finger.

Mit dem Weißen vom Ei zu Pflaster verrührt, heilen sie den Brand in den Augen oder sonstwo am Körper und machen Hundebiss unschädlich. Auch Holunderblüten, in Milch gekocht und in linnenem Tüchlein auf die Augen gebunden, ziehen den Brand aus. Tee von frischen oder zur Winterszeit von gedörrten Holunderblüten treibt den Schweiß und ist daher gut für Rheumatiker sowie bei Grippe und Erkältung.

Die Beeren sind so stark wärmend, dass ein schwacher Magen sie ohne mildernde Zugaben nicht gut verträgt. Doch sie reinigen das Blut und treiben zähe, verhockte Stoffe aus.

Man kann die Beeren frisch einmachen oder sie für den Winterbedarf dörren.

So stellt man ein gutes Holundermus her: Auf ein Kilogramm Holunderbeeren nimmt man ein halbes Pfund Zucker, 50 Gramm Mehl und etwas Wasser, nach Belieben auch Milch. Das Ganze wird gekocht. Das ergibt eine erfrischende Mahlzeit. Auch eignet es sich sehr gut zu Kuren, die man etwa 14 Tage bis drei Wochen fortführen sollte.

Holunderkonfitüre: Die Beeren werden mit Zucker oder Honig eingekocht. Man kann auch nur den ausgepressten Saft der Beeren mit Honig oder Zucker bis zur gewünschten Verdickung einkochen und erhält dann das feinste Holundergelee.

Holunderbranntwein: Holunderbeeren werden ins Fass eingelegt, der Gärung überlassen und dann gebrannt. Dieser Branntwein übertrifft den Kirsch an Heilwert, weil er wärmt, während der Kirsch bekanntlich kältet.

Holunder-Likör: Dazu nimmt man gedörrte Beeren und schüttet guten Tresterbranntwein daran – so viel, dass er die Beeren zudeckt. Das Ganze stellt man acht Tage lang an die Wärme. Nachher schüttet man den Geist ab und presst die Beeren etwas aus. Auf den Liter Holundergeist fügt man noch ein halbes Pfund Zucker bei, und der Likör ist fertig. In manchen Gegenden werden aus frischen Holunderblüten Küchle gebacken: Die Holunderblüten werden in ganzen Dolden in den Teig getaucht und in Fett gebacken.

Etwas ganz Ausgezeichnetes ist der Sirup, den man aus frischen Holunderblüten dadurch bereitet, dass man sie in Wasser legt und einige Tage an der Sonne ziehen lässt. Er gibt ein durststillendes Getränk und ist recht praktisch zum Mitnehmen auf Ausflüge.

Gedörrte Holunderbeeren stillen den Durchfall. Der rote Holunder übertrifft an Stärke und Heilkraft noch den schwarzen. Die Anwendungen sind wie beim schwarzen Holunder. Nur verträgt er bedeutend mehr Zucker oder Honig, da er wesentlich bitterer ist als der schwarze.«

Vitaminquelle Hagebutten

Neben dem Holunder waren die Hagebutten die zweite Art natürlicher Heilmittel, die Pfarrer Künzle selbst regelmäßig verwendete. Er schreibt über die Hagebutte:

>*Die Hagebutten galten seit alters her als Heilmittel. Heute hat die Wissenschaft festgestellt, dass gerade die Hagebuttenschalen mehr Vitamine (Kraftstoffe) enthalten als viele andere Naturprodukte. Darum sollten besonders Stadtkinder, deren Nahrung oft zu vitaminarm ist, viel von diesen Früchten essen. Wichtig ist, dass man beim Kochen das Vitamin C nicht verloren gehen lässt.*
>*Aus den Hagebuttenschalen (ohne die Kerne) bereitet man einen Tee oder Sirup als Heilmittel gegen Nieren- und Blasenleiden, Unterleibsstockungen, Brust- und Seitenstechen und inneren Brand. Für die Zubereitung merke man sich, dass die Schalen ungefähr eine Stunde in Wasser eingeweicht werden und dann erst, zusammen mit dem Einweichwasser, etwa 10 Minuten gekocht werden. Eine kleine Handvoll Schalen auf einen Liter Wasser genügt.*
>*Die Hagebuttenkonfitüre wird folgendermaßen zubereitet: Die Schalen werden von den Kernen gesäubert und durch die Fruchtmühle gedreht. Das mit Zucker versüßte Mus kann so, roh, gegessen werden, oder man kann es eine halbe Stunde lang einkochen lassen.*
>*Hagebuttenkonfitüre hat die gleichen Heilkräfte wie Hagebuttenschalentee und ist dazu noch eine Delikatesse.*

Die Hagebuttenkerne soll man nie wegwerfen.
Denn sie sind ein Heilmittel gegen Wassersucht,
Rheumatismus, Gicht und Ischias. Damit der Tee
die richtige Stärke erhält, sollen die Kerne
mindestens drei Viertelstunden gesotten werden.
Die Hagebutten werden im Oktober gesammelt.«

Wie bereits erwähnt, sammelte der Pfarrer im Herbst die Hagebutten körbeweise.

Pfarrer Johann Künzle fand eigene, höchst einfache Erklärungen und Bilder für das Entstehen von Krankheiten. Seiner Meinung nach resultieren die meisten Leiden aus Erkältungen: Wenn der Körper friert, so sagt er, wird zu allererst den Nieren die Wärme entzogen. Sie können dadurch nicht mehr recht arbeiten, »gerade wie eine Pfanne das Wasser nicht mehr recht sieden kann, wenn das Feuer im Herd zu schwach ist«. Wenn aber die Nieren nicht voll funktionieren, dann werden die Giftstoffe und Abfallschlacken nicht aus dem Blut herausgefiltert, sondern gelangen in den Kreislauf zurück. Das Blut versucht dann, sich selbst zu reinigen, und legt die schlechten und gefährlichen Stoffe irgendwo in seinen Bahnen ab – und zwar jeweils an der schwächsten Stelle des Körpers oder in den Körperteilen, die gerade besonders angestrengt werden. Der eine, ausgestattet mit einer schwachen Lunge, bekommt Husten, Asthma, Bronchitis. Der andere erleidet eine Brustfellentzündung, der dritte eine Magenschleimhautentzündung, der vierte bekommt unreine Haut, der fünfte rheumatische Schmerzen in den Gelenken – je nachdem, wo die »Abfälle« abgeladen wurden.

Pfarrer Künzle erklärt seine Heilweisen mit Kräutern: »Wenn Rauch aus dem Kamin ausfährt und du willst diesen Rauch abstellen, dann wirst du doch wohl kaum aufs Dach steigen, um den Rauch oben einzufangen. Nein! Du weißt, dass der Rauch vom Feuer kommt, das im Herd brennt. Du wirst also das Feuer im Herd ausgehen lassen. Damit wird der Rauch verschwinden.

So ist es mit der Naturmedizin: Sie springt nicht dem Rauch

nach, sondern sie will das Feuer löschen. Bei Krankheiten der Augen, Ohren, Zähne, Nerven, Lungen, Brust, bei Katarrhen, Ausschlägen, fließenden Wunden, Rheumatismus, Geschwüren, Entzündungen behandelt man nicht ausschließlich die Organe, in denen die Krankheit sich äußert, sondern man sucht die Ursache dieser Leiden und bemüht sich, diese zu entfernen. Die Ursache liegt aber meistens gar nicht in den befallenen Organen, sondern in mangelhafter Tätigkeit der Absonderungsorgane, vorab also der Nieren, der Blase, der Gedärme.

Will man diese Arten Weh gründlich beseitigen, so muss man eben zuerst Nieren, Blase, Stuhlgang regulieren, dann hört die Zufuhr von schlechten Stoffen auf. Man muss das alte Lager aufräumen (die Müllhalden beseitigen).

Hierzu stehen äußere und innere Mittel zur Verfügung: Die äußeren Mittel sind starke Bäder aus warmen Kräutern wie Brennnessel, Meisterwurz, Fichten-, Tannen- und Wacholderschosse. Stärker noch als Bäder wirken oft verschiedene Pflaster, die oft innerhalb 24 Stunden ganze Liter Harnstoffe ausziehen. Aber sie brennen etwas und sind deshalb nicht für alle erträglich.

Innerliche Mittel geben jene Kräuter, welche die Nieren und die Blase anregen und reinigen und so vermehrten Urinabfluss herbeiführen, wie Attich, Brennnessel, Hagebutten, Hauhechel, Petersilie, Salbei, Schachtelhalm, Schließgraswurzel, Sellerie, Silbermantel, Taubnessel, Wacholder.«

Als dritte Heilweise empfiehlt der heilkundige Pfarrer schließlich die Auflagen: »Sehr gut haben sich Auflagen stark wärmender Kräuter auf Nieren und Blase und oft auch auf den Magen bewährt. Dazu kann man Kräuter gebrauchen wie Knoblauch, Lavendel, Majoran, Meisterwurz, Minze, Thymian, Weinraute, Zwiebel ...«

Pfarrer Künzle hat schon vor einem Jahrhundert mit aller Entschiedenheit darauf hingewiesen, dass man Fieber nicht künstlich herabdrücken darf – weil der Körper das Fieber zur Überwindung der Krankheit nötig braucht.

»Das Fieber ist keine Krankheit! ... Fieber ist Kampfeshitze, ein

Zeichen, dass sich der Körper energisch und mit allen Kräften wehrt ... Es ist eine erwiesene und ärztlich anerkannte Tatsache, dass der einigermaßen gesunde Körper im Fieberzustand Kräfte, vor allem Abwehrkräfte, entwickelt, die er sonst gar nicht hervorbringen kann. Und diese Abwehrstoffe und Abwehrkräfte bilden eine ganz neue Kraftquelle für den Körper und schützen ihn nach überstandener Krankheit vor vielen neuen Angriffen.

Es ist auch Tatsache, dass darum so genannte kränkliche Leute, die fast alle Jahre ihre obligatorische Influenza oder dergleichen haben, widerstandsfähiger sind und älter werden als solche, die nie krank waren

Also: Das Fieber nicht so fürchten und vor allem es nicht mit aller Gewalt herunterdrücken wollen, als ob der Kranke schon damit gesund wäre. Das wäre eine recht gefährliche Täuschung! ... Dass man dem Fiebernden Erleichterung verschaffen darf und soll, ist selbstverständlich. Dazu gehört vor allem frische Luft! Das Krankenzimmer soll nicht wärmer sein als 18 Grad ...

Fieberkranke haben meistens großen Durst. Sie verlangen kaltes Wasser. Darf man es ihnen geben? Gewiss, so viel sie wollen. Es mäßigt die innere Hitze und befördert den Abgang von Urin und Stuhl, ohne den es überhaupt keine Heilung gibt.

Zur Stillung der inneren Hitze und zur Stärkung aller Abwehrkräfte gehört dann jedoch auch ein Tee von erfrischenden, aber nicht erkältenden Kräutern, wie Maßliebchen, Pfefferminze, Stechpalme, Wiesengeißbart ...«

Schnupfen, Katarrh, Bronchitis

Wen wundert es da noch, dass Pfarrer Künzle bei Schnupfen und Erkältungskrankheiten aller Art – Nierentee verordnet? Er schreibt, wer die Erkältung verhüten will, der muss zu allererst für warme, trockene Füße sorgen.

»Die gründliche Heilung erwirkt man durch
Regelung der Nierentätigkeit, vor allem indem
man Tee von wärmenden und lösenden Kräutern
trinkt. Zu diesen gehören: Engelwurz, Hanfnessel,
Majoran, Minze, Salbei, Thymian, Wegerich.
Äußerlich legt man auf Brust und Rücken
während mehrerer Nächte zerschnittene, etwas
angewärmte Zwiebeln, welche bedeutende
Krankheitsstoffe ausziehen, so dass in der
Umgebung alles tropfnass wird.«

Weitere Rezepte gegen Husten und Schnupfen

»Bei leichtem Erkältungshusten trinke man sofort
einige Tassen Lindenblütentee oder Holundertee,
mit Honig gesüßt. Dann nehme man ein warmes
Bad und schwitze im Bett.
Die bewährten Heilkräuter gegen Husten sind:
Lungenkraut, Isländisch Moos, Wollblume,
Pfefferminze, Bitterklee, Huflattich, Spitzwegerich,
Salbei, Veilchenblätter und -blüten, Ehrenpreis,
Anis.
Lösend wirkt auch Knoblauch, in Wein gesotten.
Man trinkt von dieser Zubereitung stündlich einen
Schluck.
Ausgepresster Saft von Brunnenkresse, mit Honig
vermischt, wirkt ebenfalls gut. Man trinke davon
3 bis 5 mal am Tag einen Teelöffel voll.
Wurzeln und Sprossen von Brennnesseln werden
in Wein gekocht und mit Honig gesüßt. Abseihen
und davon häufig in kleinen Dosen trinken.
Bei hartnäckigem Husten ist folgendes Mittel zu
empfehlen: Man siedet zwei Handvoll Gerste in

1 Liter Milch, siebt ab und trinkt von dieser
Gerstenmilch vor dem Schlafengehen eine Tasse
voll.«

Schlaflosigkeit – einmal ganz anders gesehen

Schon Paracelsus und Nostradamus kannten nicht bloß ein einfaches Mittel gegen Schlaflosigkeit, sondern sie unterschieden sehr deutlich zwischen der Schlaflosigkeit junger Menschen, verursacht durch innere Unruhe und die Unfähigkeit, »abschalten« zu können, und den Schlafproblemen älterer Menschen, die durch Atemschwierigkeiten hervorgerufen werden.

Pfarrer Künzle sieht das noch wesentlich differenzierter. Er weiß schon, dass geistig Tätige durchschnittlich eine Stunde Schlaf mehr brauchen als Werktätige (weil die Auffrischung des Geistes erst in den letzten Stunden des Schlafes erfolgt, während der Körper schon nach den ersten Stunden Schlaf ausgeruht ist).

Pfarrer Künzle lässt aber auch nicht nur Nervosität und Atemprobleme als Schlafstörer gelten, sondern schreibt:

»Bei gar vielen Leuten heißt die eigentliche
Störung schlechter Stuhlgang. Wo man nicht
täglich wenigstens einmal Stuhlgang hat, stellt
sich Schlaflosigkeit ein.
Bei anderen fehlt's im Magen: Saure Gase
strömen immer hinauf. Alle Magenleidenden
haben Kopfweh. Und dies schließt natürlich den
Schlaf aus.
Bei anderen ist das geschwächte Herz schuld. Ein
Anzeichen für diese Art von Schlaflosigkeit sind
Stiche auf der linken Seite, wenn der Schläfer
links zu liegen versucht.
Wo die Schlaflosigkeit durch Kribbeln und Beißen

am Körper verursacht zu sein scheint, liegt im Grunde Leberschwäche vor und damit zusammenhängend schlechter Abgang von Urin. Auch beginnende Erkältung kann Schlaflosigkeit verursachen. Das Anzeichen sind kalte Füße. Wer abends schwer verdauliche Speisen genießt, wie alle Arten von Käse, Pilze, dicke Eierspeisen, soll nicht fragen, warum er nicht schlafen kann. Wenn die inneren Organe Schwerarbeit zu leisten haben, kann kein Schlaf eintreten. Ebensowenig sollen jene um die Ursache ihrer Schlaflosigkeit rätselraten, die sich abends ihrem Kummer oder Verdruss hingeben, die rachsüchtige Pläne von Neid und Nachträglichkeit schmieden, allerhand Ränke ersinnen oder aufregende Unterhaltungen pflegen.

Alte Leute haben in der Regel einen leichten und kurzen Schlaf, auch wenn sie gesund sind. Ihnen tut ein kurzer Abendspaziergang gut oder ein Glas guter Rotwein.

Zu chemischen Schlafmitteln soll man nur in Ausnahmefällen Zuflucht nehmen. Der Körper gewöhnt sich gar leicht daran, dann muss die Dosis immer mehr verstärkt werden, und es endet damit, dass man den Magen schwächt und die Nerven zerrüttet.

Die einzig wirksame Heilmethode besteht darin, dass man den Ursachen der Schlaflosigkeit nachgeht und diese behebt.«

Pfarrer Künzle nennt dann ein paar bewährte »Hausmittel«, fügt aber hinzu, dass je nach Ursache der Schlaflosigkeit ein Mittel nicht in allen Fällen helfen kann:

»Ein altbewährtes Schlafmittel ist das warme
Fußbad, in dem 3 Handvoll Holzasche und
1 Handvoll Salz aufgelöst sind. Das Bad soll
20 bis 30 Minuten dauern.
Andere legen ein in kaltes Wasser getauchtes Tuch
um den Leib und darüber eine fest anschließende
Wolldecke und legen sich so ins Bett.
Andere legen in Essig getauchte Strümpfe an und
ziehen darüber trockene Wollstrümpfe.
Anderen hilft 1 Esslöffel Bienenhonig, vor dem
Zubettgehen eingenommen.
Andere endlich erwirken sich Schlaf, indem sie
frische Mohnblumenstängel zerquetscht auf die
Stirne binden.
Der Tee aus 4 Teilen Goldrute und 1 Teil
Wacholderbeeren oder Tausendgüldenkraut ist ein
wirksamer Schlaftrunk.«

Herztee gegen Krampfadern

Selbst Leiden wie Krampfadern führt Pfarrer Künzle auf fehlerhafte Durchblutung oder mangelhafte Entgiftung des Körpers zurück:

»Bei vielen entstehen Krampfadern wegen
Herzschwäche, weil der Blutumlauf (Kreislauf) zu
schwach ist, die schlechten Stoffe auszuscheiden,
bei anderen infolge von zu geringem Stuhlgang
und Urinabgang.
Immer sammeln sich die verhockten Stoffe in den
Beinen, wo sie sich in offenen Wunden einen
Ausgang suchen. Bloßes Einbinden heilt also die
Krampfadern nicht. Schließt man die Wunden

vermittelst scharfer Salben, ohne für eine bessere Herztätigkeit und regelmäßigen Stuhl- und Urinabgang zu sorgen, so fährt die ganze Krankheit von den Beinen weg ins Blut oder aufs Herz.

Die Herztätigkeit erfordert eine mindestens einmonatige Kur mit unseren Herzpillen oder mit Tee aus herzstärkenden Pflanzen wie Arnika, Baldrian, Lindenblüten, Katzenschwanz, Himbeerblättern, Melisse, Stachys, Benediktskraut, Potentilla, Cerastium. Mit dem Fortschreiten des Heilungsprozesses verschwinden für und für die Anzeichen der Herzschwäche wie Ohrensausen, gichtische Erscheinungen, Nervosität und geschwollene Füße.

Den Stoffwechsel fördert man durch eine Kur mit Heilpflanzen von lösender Wirkung und hauptsächlich durch Einhaltung der entsprechenden Diät ...«

Und noch ein paar allgemeine Hinweise zur rechten Ernährung, damit das Essen zur Heilkost werden kann:

»Essen Sie wenig Fleisch, viel Gemüse, Salate und Obst. Gewiss, Gemüse enthält gegenüber anderen Nahrungsmitteln wie Brot, Fleisch und Milch nicht viele Nährstoffe. Es nützt dem menschlichen Körper aber durch seine Mineralsalze und Vitamine sowie durch die appetitanregenden Bitter- und Würzstoffe ... Wenn man das Gemüse kocht, geht viel ins Kochwasser hinein verloren. Man sollte niemals dieses Wasser weggießen, sondern als Gemüsebouillon verwenden.

*Salz als Gewürz sollte mehr und mehr durch
andere Gewürze ersetzt werden, weil mit dem Salz
zu viel Chlor in den Körper gelangt und sich im
Körper anreichert. Dieses Chlor geht
Verbindungen mit Harnsäure ein und hält sie
zurück. Das wichtigste aber: Eine trübselige
Seelenstimmung macht den Leib krank. Der
Magen wird schlaff, und man mag nicht mehr
essen. Man sieht alles trüb, lässt den Kopf hängen
und versauert den Honig und den Zucker.
Eine heitere Seelenstimmung dagegen bringt
überall Licht und Sonne hinein und überwindet
vieles. Frohsinn und Freude sind zwei ganz
wichtige Medizinen, ohne die kein Mensch gesund
bleibt oder wird. Wir vergessen vor lauter
Medizinschlucken diese so notwendigen Mittel
einzunehmen.«*

»Was wir denken und was wir essen – beides
zusammen macht uns zu dem, was wir sind,
körperlich und geistig ...
Alle Kraft, die Heilung jeglicher Art ist eine
Veränderung der Schwingungen im Innern,
Harmonie zwischen dem Göttlichen innerhalb des
lebenden Gewebes des Leibes und den Kräften
des Schöpfers. Dies allein ist Heilung. Ob sie nun
herbeigeführt wird durch die Anwendung von
Heilmitteln, durch das Skalpell des Arztes oder
was auch immer: Es ist die Übereinstimmung der
atomaren Struktur der lebendigen Zellkräfte mit
ihrem geistigen Ursprung.«

Edgar Cayce

(1877–1945)

»Wer Gutes denkt und tut, findet sein Glück
und wird gesund!«

Oktober 1942

Der kleine, unauffällige Mann mit der Nickelbrille zieht die
Jacke aus und legt sich auf das Sofa im Hinterzimmer des Arztes
Dr. Wesley K. Ketchum in Hopkinsville in Kentucky (USA). Er löst
die Krawatte, öffnet den Hemdkragen, die Knöpfe an den Man-
schetten und den Gürtel. Schließlich zieht er auch noch die Schuhe
aus. Dann streckt er sich aus und legt die Hände auf die Stirn. Seine
Frau beugt sich über ihn, berührt seine Wangen und gibt ihm den

Befehl einzuschlafen. Er schließt die Augen, faltet die Hände über der Brust und beginnt auch schon ruhig und gleichmäßig zu atmen. Es sieht aus, als würde er fest schlafen. Doch er schläft nicht. Er ist in Hypnose. Während die blondhaarige, junge Sekretärin Gladis Davis mit Block und Bleistift bereit sitzt, jedes Wort mitzuschreiben, stellt Frau Cayce ihre Fragen: »Wir möchten von dir, Edgar Cayce, der du hier vor uns liegst, wissen, was dem Major Gerald Thomsen, wohnhaft in New York, 5th Avenue, 5. Stock, fehlt ...«

Für einen kurzen Augenblick ist es mäuschenstill in dem kleinen Zimmer. Die beiden Frauen warten, der Mann auf dem Sofa liegt regungslos.

Plötzlich atmet er tiefer. Er öffnet den Mund und murmelt mit schläfriger Stimme: »Ja, ich sehe ihn. Er ist da. Er sitzt in der Küche und liest gerade die Zeitung. Gegen seine Magenschmerzen muss er bald etwas tun. Er hat große Geschwüre ...« Und dann gibt er exakte Anweisungen, welche Medikamente der Major einnehmen muss, welche Behandlung nötig ist und welche Zeit die Genesung in Anspruch nehmen wird.

Das alles dauert nur ein paar Minuten. Als der Mann aus seiner Trance erwacht, fragt er nur: »Habe ich den Patienten gefunden? War er zu Hause? Was habe ich alles gesagt? Lest es mir vor!« Er hat keine Ahnung von dem, was er »im Schlaf« gesprochen hat.

Der unscheinbare Mann mit der Nickelbrille war der berühmte »Schlafende Prophet« Edgar Cayce, bei dem in den 30er und 40er Jahren die Amerikaner zu Tausenden Rat und Hilfe suchten. Die einen hielten ihn für den größten Propheten der neueren Zeit, einen Gottbegnadeten. Andere sahen in ihm einen besonders begabten Hellseher, wieder andere einen Geistheiler. Seine Gegner – und er hatte nicht gerade wenige – bezeichneten ihn schlichtweg als seltsamen Vogel, als Spinner, ja als Verrückten.

Edgar Cayce, am 18. März 1877 in Hopkinsville geboren, am 3. Januar 1945 in Virginia Beach gestorben, war tatsächlich ein äußerst ungewöhnlicher Mensch. Er gab in seinem Leben mehr als 30 000 so genannter Readings, das sind Krankheitsdeutungen im

Zustand der Hypnose. Sobald er auf der Couch in Trance gefallen war, gab es für ihn anscheinend keine Grenzen des Wissens, der Zeit, des Raumes. Die Kranken brauchten nicht zu ihm zu kommen. Sie schrieben ihm einfach. Dann »besuchte« er sie, indem er seinen Körper in »Schlaf« versetzte, seinen Geist aber befreite. Angeblich stellte er nicht nur ausnahmslos fehlerfreie Diagnosen und nannte Heilmittel, die teilweise längst vergessen waren, ja aus uralten Zeiten stammten. Er konnte in der Hypnose auch in die Zukunft und weit in die Vergangenheit blicken.

Das war um so verblüffender, als Edgar Cayce im Wachzustand ein nur sehr bescheiden gescheiter und geschickter Mensch war. Mit 15 Jahren musste er in der sechsten Klasse die Schule verlassen. Mehr schaffte er einfach nicht, obwohl er aus guter Familie stammte. Danach versuchte er auf einer Farm zu arbeiten, verlor diese Stellung wegen mangelnder Begabung aber ebenso wie seine Beschäftigung als Schuhverkäufer. Er schien zu nichts zu taugen.

Mit 21 Jahren verlor er auch noch seine Stimme. Eine Kehlkopferkrankung war schuld daran. Doch der behandelnde Heilpraktiker merkte bald: Ursache des Leidens war eine psychische Erkrankung, kein organischer Schaden. Weil er den Grund herausfinden wollte, versetzte er Edgar Cayce in Hypnose.

Damit wurde die eigentliche Begabung dieses Mannes entdeckt: In Hypnose konnte er nicht nur plötzlich sprechen – er erzählte dem Heilpraktiker auch genau, warum seine Stimme versagte und wie er geheilt werden könne. Das war einmalig:

»Die unteren Muskeln meiner Stimmbänder sind teilweise gelähmt. Diese Lähmung ist nervösen Ursprungs. Man kann sie heilen, indem man dem Kreislauf hypnotisch den Befehl erteilt, diesen kranken Teil besser zu durchbluten.«

Diese »Selbstdiagnose« war ebenso richtig wie die Behandlungsmethode.

Das brachte den Heilpraktiker Al Layne auf die Idee, mit Edgar Cayce das ganz große Geschäft zu machen: Er wollte ihn als Gehilfen anstellen. Cayce ging zunächst darauf ein.

Doch sein einfaches Gemüt fürchtete, er könnte mit den Hypnosesitzungen etwas Verbotenes, Frevelhaftes tun.

Kurze Zeit später gelang es Dr. Ketchum dann aber, Cayce davon zu überzeugen, dass er seine ungewöhnliche Fähigkeit zum Segen der Menschen nützen müsse. Der Arzt richtete ihm ein eigenes Sprechzimmer in seiner Praxis ein – und wurde weit über das Land hinaus berühmt. Cayce blieb im Hintergrund. Folgsam und brav legte er sich, wenn man das von ihm verlangte, auf das Sofa, um zu »schlafen«. Manchmal sprach er in Trance fließend Griechisch oder Französisch. Er beherrschte alle medizinischen Fachausdrücke, Begriffe, die er im Wachzustand nicht einmal über die Lippen brachte, versuchte er sie zu lesen.

Sobald er aufwachte, war er wieder der einfache, ungebildete Mann, der in seinem ganzen Leben nur ein Buch gelesen hat: die Bibel. Allerdings über 60mal von vorne bis hinten. Er war ein frommer, streng religiös erzogener Mann. Manches, was er in Trance sah und sagte, erschütterte ihn. Besonders die Sätze, die darauf hindeuteten, dass es eine Wiedergeburt geben könnte: »Auf dem Leben des Patienten lastet eine Schuld aus einem früheren Leben. Er kann nur gesund werden, wenn er versucht, das Unrecht wieder gutzumachen. Er war in seinem letzten Leben hartherzig, egoistisch und herrschsüchtig seiner Frau gegenüber. Nun ist es sein Schicksal und seine feste Aufgabe, doppelt und dreifach zu geben. Wenn er das tut, findet er sein Glück und wird wieder gesund.«

Solche Aussagen verstörten ihn so, dass ihm sein Tun erneut höchst unheimlich wurde. Er dachte, es wäre Teufelswerk, und wollte endgültig damit aufhören. Doch dann kam wieder ein Mensch in höchster Not zu ihm – und er machte weiter.

Edgar Cayce wurde auch schamlos ausgenützt. Manch einer fragte ihn, wenn er sich in Trance befand, nach den gewinnbringendsten Aktien – und wurde steinreich. Es gab sogar Leute, die von ihm wissen wollten, ob es einen Sinn hätte, das Vermögen irgendwo zu vergraben, um den Schatz in einem nächsten Leben wieder heben zu können.

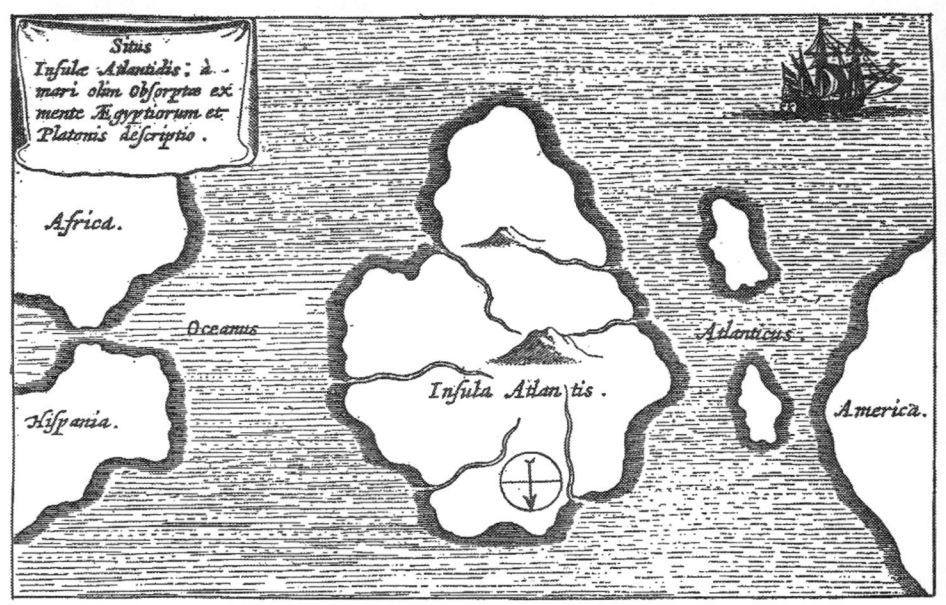

Viele seiner Durchsagen will Edgar Cayce aus Atlantis erhalten haben. Die Darstellung des Inselkontinents stammt aus Athanasius Kirchers Werk »Mundus subterraneus«.

Edgar Cayce machte höchst geheimnisvolle Aussagen über das untergegangene »Atlantis«. Im November 1923 erwähnte er dieses Thema zum ersten Mal, als er in einer Diagnosestellung über einen Patienten sagte: »Früher lebte er in dem schönen Land Alta oder eigentlich Poseidia. Das war fast 10 000 Jahre vor der Ankunft des Friedensfürsten (Christus).«

Er ergänzte diese Aussage später: Der Kontinent Atlantis war ungefähr so groß wie Europa bis zum Ural. Im Jahre 15 600 vor Christus soll es in diesem kulturell und technisch sehr weit fortgeschrittenen Land die erste große Katastrophe gegeben haben, wobei es in mehrere Inseln auseinanderbrach, um dann, um 10 000 vor Christus, endgültig im Meer zu versinken. Die Völker auf Atlantis waren nach Angaben von Edgar Cayce hoch gebildet und technisch unserer heutigen Zeit weit voraus. Sie sollen die Fähigkeit besessen haben, das Sonnenlicht mit Hilfe großer Kristalle zu bündeln und die so gewonnene Energie als Antriebskraft, als Heizkraft und als Waffe zu nutzen.

Es könnte sich um eine Art Laserstrahlen gehandelt haben, die erst in unseren Tagen, nach dem Tod von Edgar Cayce, aber von ihm vorhergesagt, erfunden wurden.

Cayce schilderte den Kristall von Atlantis: »Der Stein wurde durch das Sonnenlicht aktiviert. Er bündelte das Licht – und das Glas wirkte auf Instrumente, die mit den verschiedenen Verkehrsmitteln in Verbindung standen, wie es heute bei der Fernsteuerung mit Funk der Fall ist.«

Der Rubin, so nannte Cayce den Kristall gelegentlich auch, war in großen Gebäuden unter Kuppeln mit Schiebedach untergebracht. Seine Strahlen gingen durch Stein und Stahl: »Die Strahlen waren für das Auge unsichtbar, wirkten aber auf Kristalle in den Motoren.«

Es soll auf Atlantis schon Flugzeuge gegeben haben, »die von Gas gehoben wurden«. Cayce schilderte auch «Vergnügungsfahrzeuge, die knapp über der Erde dahinglitten« und »Unterwasserfahrzeuge«.

Cayce berichtete einmal von einem großen Gipfeltreffen vieler Nationen auf Atlantis vor 50 000 Jahren. Man beriet damals angeblich über Abwehrmaßnahmen gegen die Herden riesiger Tiere, die die Erde überrannten. Atlantis soll sie mit seinen »Todesstrahlen« vernichtet haben.

Der Zusammenbruch des Kontinents sei durch Naturkatastrophen gekommen, ausgelöst durch den menschlichen Leichtsinn. Cayce: »Weil immer größere Städte gebaut wurden, schwanden die Möglichkeiten immer mehr, die Kräfte der Natur zur Ernährung zu nutzen. Der Raubbau in den Bergen und Tälern und dann auch im Meer führte zum raschen Verfall der Länder und der Menschen.« In ihrer Not stellten die Leute auf Atlantis die Energiekristalle immer höher ein, bis sie zuletzt, zu mächtig geworden, Naturgewalten entfesselten. Der Kontinent wurde zuerst zerrissen, dann versank er gänzlich im Meer.

Vor 2500 Jahren schrieb der griechische Pilosoph Plato über ein mächtiges Inselreich, einen ganzen Kontinent, der »jenseits der Säulen des Herakles«, also vor Gibraltar, versunken sei. Hat es die rätselhafte Welt, den sechsten Kontinent zwischen Europa und Amerika, wirklich gegeben?

Edgar Cayce blickte recht häufig nicht nur in die Vergangenheit, sondern auch in die Zukunft. Gelegentlich sah er einen seiner Patienten bereits in seinem zukünftigen Leben.

Dann warnte er vor bevorstehenden Katastrophen und prophezeite so ganz nebenbei und ungewollt den Untergang von San Franzisko um die Jahrtausendwende, die Zerstörung von New York kurze Zeit später, das Versinken Japans im Stillen Ozean, eine kosmische Katastrophe, während der sich die Erdachse verlagere, sodass die Pole in andere Gegenden zu liegen kommen.

Einmal sah er im Schlaf – oder in Trance? – sich selbst wiedergeboren im Jahre 2100. Er lebt in Nebraska und wundert sich, dass diese Stadt jetzt eine Küstenstadt ist.

»Dort, wo früher der Westen der Vereinigten Staaten war, ist nur noch Meer. Alles ist im Meer ertrunken. Schon mit zwei Jahren weiß ich, dass ich im früheren Leben Edgar Cayce gewesen bin und vor 200 Jahren gelebt habe. Ich erzähle das meinen Eltern. Jetzt kommen gelehrte Männer. Sie haben lange Bärte, Glatzen und dicke Brillen. Sie stellen mir viele Fragen. Sie nehmen mich mit. Ich soll ihnen zeigen, wo ich als Edgar Cayce gelebt habe. Wir fliegen. Aber nicht in einem Flugzeug, sondern in einer Art Zeppelin aus Metall. Aber sehr schnell. Wir kommen nach Hopkinsville und nach Virginia Beach. Und dann zu einer riesengroßen Stadt. Die Häuser sind fast alle gänzlich aus Glas. Ich frage, wie die Stadt heißt. Und sie sagen: ›Das ist das neue New York. Die alte Stadt ist vor 200 Jahren zerstört und wieder aufgebaut worden.‹ Dann fliegen wir wieder zurück nach Nebraska. Die Wissenschaftler haben eine ganze Menge über Edgar Cayce herausgefunden. Jetzt wollen sie es studieren ...«

Es gibt eine Fülle geradezu aufregender Aussagen des Edgar Cayce. Alles, was er über Vergangenheit und Zukunft aber auch geäußert hat – es muss verblassen vor dem, was er an Heilrezepten und Behandlungsmethoden hinterlassen hat.

Noch zu seinen Lebzeiten haben Ärzte in Amerika eine wissenschaftliche Gesellschaft zur Auswertung seiner »Readings« gegründet. Sie sammelten die Aussagen des »Schlafenden Propheten« und machten sich daran, die Rezepte systematisch auszuwerten und in Behandlungsmodellen zu erproben. An Kliniken in Arizona bildeten sich Ärzteteams, die laufend über ihre Erfahrungen mit der »Edgar-Cayce-Medizin« berichten. Viele hundert Ärzte in den USA nahmen die »Cayce-Methoden« in ihr Behandlungsprogramm auf. Es gibt heute rund um Virginia Beach eine Reihe von Privatsanatorien, die sich ebenfalls der Erforschung der Cayce-Readings und ihrer praktischen Erprobung widmen.

Manches, was Edgar Cayce gesagt hat, ist längst weltweit bekannt geworden, ohne dass die Millionen, die sich daran halten, wüssten, woher die Weisheit stammt.

Mandeln gegen Krebs

Dazu gehört beispielsweise der Hinweis, dass Mandeln Krebs verhüten und gesünder sind als Äpfel. Cayces exakter Hinweis lautete:

> *»Wenn täglich eine Mandel gegessen wird – und zwar regelmäßig –, werden sich kaum Tumore oder derartige Krankheiten im Körper bilden. Eher als der tägliche Apfel macht die Mandel täglich den Arzt arbeitslos ...«*

Ganz typisch für den »Schlafenden Propheten« ist die Begründung der Wirksamkeit dieses Rezepts: »Der Apfel bedeutet den

Sündenfall, nicht die Mandel. Der Mandelbaum blühte, als alles andere verging. Bedenken Sie, das alles ist Leben!«

In einem anderen Zusammenhang wies Edgar Cayce ebenfalls auf die Heilkraft von Mandeln hin. Er sagte: »Die Mandel enthält mehr Phosphor und Eisen in einer leicht assimilierbaren Form als jede andere Nuss.«

Das ist heute wissenschaftlich bestätigt. Interessanterweise hat nämlich nach dem Zweiten Weltkrieg eine weltweite Mandelforschung eingesetzt – speziell durch Krebsspezialisten. Und es gab auch immer wieder Berichte, die Edgar Cayce bestätigten: Geschälte süße Mandeln sind wirksam in der Behandlung von Magengeschwüren. Sie helfen auch bei Sodbrennen und Darmkrebs.

Wobei man festhalten muss, dass Edgar Cayce nicht von einem Krebsheilmittel gesprochen hat, sondern von einer Möglichkeit, bösartige Erkrankungen zu verhindern!

Man hat Edgar Cayce einmal gefragt, wie er zu solchem Wissen gelange. Seine Antwort – selbstverständlich »im Schlaf« gegeben: »Im Trancezustand wird das Bewusstsein dem Unbewussten, Überbewussten oder dem Seelengeist untertan. In diesem Zustand kann man sich auch mit gleichen Geisteskräften in Verbindung setzen. So wird das Unbewusste oder die Seelenkraft universal. Denn über das Unbewusste steht jede Information zur Verfügung, Informationen aus unserem gegenwärtigen Erfahrungsbereich ebenso wie Impressionen, die uns von Menschen hinterlassen wurden.

Ich erhalte die Informationen über die Kräfte der Seele, durch den Geist anderer, die schon dahingegangen sind, also durch die so erreichte Unterwerfung der physischen Kräfte.«

Man könnte also sagen: Cayces Rezepte sind nicht seine Rezepte – sondern Rezepte, die er von »drüben« zurückgeholt hat.

Gelatine als Vitamin-»Wecker«

Fast ebenso viel Aufmerksamkeit fand in jüngster Zeit das Ernährungsgebot des »Schlafenden Propheten«: »Esst viel Gelatine, in jeder Form!«

> *Es ist nicht der Vitamingehalt der Gelatine, die sie so wertvoll macht, sondern vor allem ihre Wirkung auf die Tätigkeit der Drüsen, die in die Lage versetzt werden, die Vitamine der Nahrung nutzbar zu machen. Ohne ausreichend Gelatine bleiben die Vitamine nämlich unwirksam.*

Die Gelatine empfahl er immer wieder besonders in Verbindung mit frischem Gemüse und Obst. Seine Rezepte sehen folgendermaßen aus:

> *Man weicht weiße Gelatine (1 Päckchen, 1 Esslöffel) in kaltem Wasser ein. Dann löst man sie auf, indem man eine Tasse heißes Wasser oder Brühe darübergießt. Sobald sie sich gelöst hat, gibt man etwas Honig (2 Esslöffel), etwas Salz und etwas Zitronensaft hinzu. Wenn sich die Gelatine abgekühlt hat, aber noch nicht erstarrt ist, gibt man das Gemüse oder das Obst hinein, das vorher in kleine Stücke zerteilt wurde.*

Gelatine mit Karotten empfahl er als Mittel zur Stärkung der Sehkraft.

Gelatine mit frischen Oliven, Karotten, Kohl (in Streifen geschnitten), grünem Paprika – als allgemein wirksames Kräftigungs- und Auffrischungsmittel.

Gelatine mit Grapefruitsaft und frischem Obst als Mittel zur Regulierung der Verdauung.

230

Als allgemeine Regel zur Verwendung von Gemüsesorten gab er an:

> *»Essen Sie täglich mindestens bei einer Mahlzeit etwas rohes Gemüse, etwa Kohl, Salat, Sellerie, Karotten, Zwiebeln oder dergleichen. In den entsprechenden Jahreszeiten auch Tomaten. Essen Sie viel von den Gemüsesorten, die über der Erde wachsen – jeweils drei Sorten davon auf eine weiter unter der Erde. Sie sollten auch mindestens eine Sorte Blattgemüse zu jeder Sorte Hülsenfrüchte essen.«*

Das heißt also: Zu einem bestimmten Quantum Kartoffeln, Sellerie, Karotten oder Rettiche sollte in der Regel etwa die dreifache Menge an Kraut, Salat, Tomaten, Paprika und dergleichen kommen. Zu Erbsen, Bohnen, Linsen gehört ebenfalls ein Blattgemüse.

»Für Blattgemüse gibt es keinen Ersatz«, sagte Cayce, um sofort hinzuzufügen: »Alle Früchte und Gemüsesorten von gelber Farbe sollten häufig gegessen werden: Orangen, Zitronen, Grapefruits, Mais, gelbe Pfirsiche, Kürbis.« Dann warnte er allerdings davor – und das sehr eindringlich –, saure Früchte zusammen mit Brot oder anderen Getreideprodukten zu verspeisen:

> *»Kombinieren Sie nicht die alkalisch reagierenden sauren Früchte mit Stärkeprodukten, außer mit Vollweizenbrot. Das heißt also: Zitrusfrüchte, Orangen, Äpfel, Grapefruits, Zitronen oder Limonen, sogar Tomatensaft. Und essen Sie keine Getreideprodukte – sie besitzen allen anderen Nahrungsmitteln gegenüber den größten Stärkegehalt – zusammen bei derselben Mahlzeit mit den Zitrusfrüchten.«*

Als Hintergrund für diese Ernährungsregel gibt Edgar Cayce an: Nur wenn das richtige Säure-Basen-Verhältnis im Körper gegeben ist, stimmt die richtige Verdauung. Und nur dann ist man einigermaßen sicher vor Erkältungskrankheiten:

>>*Halten Sie den Körper alkalisch!*
Krankheitserreger können in einem alkalischen
Organismus nicht existieren. Sie vermehren sich
nur in einer sauren Umgebung oder bei
Säureüberschuss irgendeiner Art im Organismus.<<

Er hat die wichtigsten Lebensmittel eingeteilt in alkalisierende und säurebildende Nahrungsmittel.

Zu den alkalisierenden gehören alle Früchte, frisch und getrocknet, mit Ausnahme von Pflaumen, Heidelbeeren, Preiselbeeren. Alle Gemüsesorten, frisch und getrocknet – außer Hülsenfrüchten, Milch, Quark, Käse.

Zu den säurebildenden gehören: Fette und Öle, alle Getreidekörner, Brot, Haferflocken, Nüsse aller Art, Hülsenfrüchte, Fleisch und jede Form von Eiweiß.

Das würde also bedeuten: Den Tomatensaft, den Orangensaft darf man nicht etwa zum Frühstück trinken, wenn man gleichzeitig Brot oder ein Hafermüsli isst, sondern man muss ihn später (als zweites Frühstück) zu sich nehmen – oder eben beim Frühstück auf Brot und Müsli verzichten.

Und: Wer mit Magen- und Verdauungsproblemen zu tun hat, sollte gerade nicht die sauren Früchte meiden – vorausgesetzt seine Beschwerden sind auf zu viel Magensäure zurückzuführen –, sondern Brot, Fleisch und dergleichen. Er wäre mit den Obstsäften zum Frühstück, Milch, Quark – aber ohne Brot! – besser bedient.

Das Essen sollte so zusammengesetzt sein, dass es zu 80 Prozent aus alkalisierenden, zu 20 Prozent aus säurebildenden Nahrungsmitteln besteht.

Kraftspeise: Rindfleischsaft

Wiederholt hat Edgar Cayce darauf hingewiesen, der frisch gepresste Saft von Gemüse – auch der aus gekochtem Gemüse – wirke wesentlich stärker als das Gemüse selbst.

Ähnliches sagte er vom Fleisch, von dem man, seiner Meinung nach, nicht zu viel essen darf:

> *»Rindfleischsaft kann für den Körper eine ausgezeichnete Medizin sein. Man muss ihn in kleinen Mengen zu sich nehmen – einen Teelöffel voll, solange man sich schwach und krank fühlt, einen Esslöffel voll, sobald sich eine Besserung eingestellt hat. Und das bis zu viermal am Tag. Aber: Ganz langsam schlürfen!«*

Mit diesem Rindfleischsaft meint er nicht etwa die Fleischbrühe, sondern den Saft, der dem Fleisch selbst entzogen wird.

Man gewinnt ihn folgendermaßen: Man zerschneidet ein möglichst mageres Stück Rindfleisch in kleine Würfel. Diese gibt man in ein Sterilisierglas, das zugedeckt, aber nicht verschlossen wird. Das Glas stellt man in einen Kochtopf, der so mit Wasser gefüllt wird, dass dieses bis zur Mitte des Glases reicht. Lassen Sie dieses Wasser etwa drei Stunden lang kochen. Dann gießen Sie den Saft, der sich im Glas gebildet hat, durch ein Sieb und drücken das Fleisch leicht aus, um den restlichen Saft zu gewinnen.

Nicht salzen! Nicht würzen! Sehen Sie zu, dass der Fleischsaft nie älter wird als drei Tage.

Edgar Cayce hat solche Heilrezepte niemals genannt, ohne darauf hinzuweisen, dass mit einer rein mechanischen Anwendung allein so gut wie nichts zu erreichen ist, solange die notwendige »heilsame« geistige Haltung fehlt:

»Jede Heilung, jede Hilfe kommt aus dem
schöpferischen Denken, dem schöpferischen
Zusammenwirken und mehr noch aus der
schöpferischen geistigen Inspiration. Man muss
Krankheiten als Sprungbrett zu einem besseren
und größeren Selbstverständnis betrachten.«

Wer gesund bleiben oder gesund werden will, so sagte der »Schlafende Prophet«, der muss sich immer die vier entscheidenden Punkte jeder Gesundheit vor Augen halten:
● Verbesserung und Normalisierung der Aufnahme und Verwertung körperfremder Substanzen und ihre Verwandlung in körpereigene;
● Verbesserung und Normalisierung der Ausscheidung giftiger Stoffe;
● Verbesserung und Normalisierung der Blut- und Lymphzirkulation;
● Verbesserung und Normalisierung der Entspannung.
Diesen vier Themen widmete er sich immer wieder. Dabei kam er zu denselben Ergebnissen wie Paracelsus und Nostradamus: Alle physischen Vorgänge funktionieren nur dann perfekt und naturgewollt, wenn Geist und Organismus sich im Einklang befinden. Es ist letztlich falsches Denken und Wollen, was krank macht:

»Sehr viele an sich leichtverdauliche Speisen
werden nur schwer verdaut, weil man sie im Zorn
zu sich nimmt. Es spielt dabei keine Rolle, ob es
sich um ein Kind oder um einen alten Menschen
handelt. In jedem Alter vergiftet man sich, wenn
man isst, solange man zornig ist ...
Für die meisten Menschen gilt: Nicht in Zorn
geraten und niemals jemanden verfluchen, weder in
Gedanken noch mit lauten Worten! Denn darin ist
mehr Gift enthalten als in schlechten Nahrungs-

mitteln … *Niemals sollte man dem Organismus*
Nahrung zuführen, wenn er unter großer Belastung
steht, wenn man sehr müde, sehr aufgeregt, sehr
zornig ist. Und niemals sollte man etwas essen,
wogegen man eine Abneigung hat …
Man darf nicht essen, wenn man in irgendeiner
Form überlastet ist oder durch Nervosität oder
Zorn oder irgendeine Art von Depression
durcheinander ist. Trinken Sie in einer solchen
Verfassung vorzugsweise Wasser oder Buttermilch,
aber keine normale Milch.«

Und an anderer Stelle:

»Die geistige Haltung muss bestimmt sein von
schöpferischem Denken. Keine Feindseligkeit!
Kein Selbstmitleid! Kein Bedauern, dass manche
anders oder in irgendeiner Beziehung besser sind
und sich an Dingen erfreuen dürfen, die eigentlich
Ihnen zustehen! Wie das Dasein auch immer
verlaufen mag: Es geschieht alles nur zum Ruhme
der Schöpferkraft!«

Und:

»Ich bin sicher, dass die geistige Einstellung oft
die körperliche Verfassung des Menschen
beeinflusst. Keiner kann seinen Nachbarn hassen,
ohne Magen- oder Leberbeschwerden zu
bekommen. Niemand kann es sich leisten,
eifersüchtig und zornig zu sein, ohne mit
Verdauungsstörungen oder Herzbeschwerden
rechnen zu müssen.«

Die Rezepte des Edgar Cayce, überhaupt seine ganze Heilmethode, sind in der Vergangenheit oft und gründlich missverstanden worden. Wenn er einem Patienten etwa sagte, er müsse sein Krebsleiden mit Kaninchen-Serum heilen, dann glaubten manche Ärzte, damit wäre das Krebsheilmittel schlechthin gefunden. Sie »impften« Kaninchen mit Krebszellen ihrer Patienten, warteten einige Tage ab, bis das Kaninchen sein »Gegenmittel« aktiviert hatte – und gaben dann das Kaninchen-Serum dem Kranken.

Manchmal wirkte das »Krebsserum« tatsächlich Wunder. Die Erfolgsmeldungen rasten um die Welt – und wurden zu einer einzigen bitteren Enttäuschung: Den meisten Krebspatienten half das »Wundermittel« überhaupt nicht.

Man hatte ganz einfach übersehen, dass der »Schlafende Prophet« dieses Rezept ganz selten, nur etwa fünf von hundert Krebspatienten, verordnete. Anderen empfahl er den Saft der roten Bete, Wassermelonen und Karotten. Von diesen Speisen sollten die Patienten ein paar Tage lang ausschließlich leben.

Doch auch der Rote-Bete-Saft ist kein Krebs-Universal-Heilmittel. Mit seiner Propagierung ist viel Unsinn angerichtet worden.

Edgar Cayce gab seine Rezepte immer nur einem ganz bestimmten Patienten – und nur ihm. Er machte wiederholt und unmissverständlich deutlich, dass es »die Krebserkrankung« eigentlich gar nicht gibt, sondern nur viele, auch von der Ursache her sehr unterschiedliche Leiden, die sich in den schlimmen Folgen, nämlich dem unkontrollierten Zellwachstum, ähnlich sind. In jedem einzelnen und speziellen Fall ist eine Heilung nur möglich, wenn die eigentliche Ursache gefunden wird.

In diesem Punkt stimmte der »Laienheiler«, der niemals Medizin studiert oder auch nur ein Medizinbuch gelesen hatte, wieder voll mit den großen alten Ärzten überein: »Weil die Ursachen in aller Regel höchst einfacher Natur sind, gibt es keine unheilbaren Krankheiten. Man kann jedes Leiden heilen, wenn man zur Grundursache vordringt.«

Folgerichtig forderte er, was sich heute erst ganz langsam wieder

236

durchzusetzen beginnt, nämlich dass es keinen Sinn habe, Symptome zu behandeln, vielmehr müsse der Arzt versuchen herauszufinden, warum es dazu gekommen sei. Als eigentliche Ursache der körperlichen Erkrankung finde er fast immer – entsprechend der vier genannten Hauptursachen – eine geistige Fehlhaltung.

So bekamen beispielsweise korpulente Menschen, die schon mit den verschiedensten Schlankheitsdiäten gescheitert waren und nun von ihm das wahre Rezept haben wollten, den knappen Rat: »Es nützen alle Bemühungen nichts, solange Sie in Ihrem Innersten gar nicht schlank werden wollen, sondern sich mit etwas ›stattlicherer Figur‹ so viel wohler fühlen. Werden Sie sich erst einmal darüber klar, was und wer Sie wirklich sein wollen, dann werden Sie es von selbst. Ohne Schlankheitskur!«

Heilung der Schuppenflechte

Wie sich eine falsche geistige Haltung auf körperliche Schwächen auswirken und somit eine Krankheit auslösen kann, das zeigen die Beispiele der Schuppenflechte-Heilungen mit den Rezepten des Edgar Cayce:

Einer 25-jährigen Frau, die seit Jahren an Psoriasis litt und die Cayce gefragt hatte: »Was ist die Ursache? Durch welches Mittel oder welche Behandlung ist sie zu heilen? Wie lange dauert es, bis die völlige Genesung erreicht ist?«, antwortete er: »Ihre Dünndarmwände werden dünner. Dadurch nimmt der Organismus immer mehr Gifte auf, die dann, beim Versuch des Körpers, sie durch die Oberflächenzirkulation auszuscheiden, sichtbar werden. Wir stellen aber auch fest, dass in den Bereichen des sechsten und siebten Rückenwirbels ein Druck herrscht, der die Koordination der Zirkulation durch Nieren und Leber stört. Dieser Druck trägt zu dem Leiden bei und verursacht Hautschäden, die immer wieder als rote Flecken auftreten. Das alles kommt durch übergroße Nervosität aber erst zum Tragen.«

Sein Rezept gegen die Psoriasis: Die Patientin musste sich ein Heilmittel bereiten, bestehend aus einem Esslöffel Schwefel, einem Esslöffel Seignettsalz (Natrium-Kalium-Salz der Weinsäure) und einem Esslöffel Weinsteincreme. Von diesem gut gemischten Präparat sollte sie jeden Morgen einen Teelöffel voll auf der Zunge zergehen lassen.

Sobald das Mittel aufgebraucht ist, sollte sie Tee aus gelbem Safran trinken: Eine kleine Prise Tee wird in die Tasse mit kochendem Wasser gegeben. Man lässt den Tee eine halbe Stunde lang stehen, seiht ihn durch und trinkt ihn abends vor dem Schlafengehen.

Gelegentlich sollte außerdem, zwei-, dreimal in der Woche, Ulmenwasser getrunken werden: Man zerreibt ein bisschen Ulme zwischen Daumen und Zeigefinger, gibt es in eine Tasse und übergießt es mit heißem, aber nicht kochendem Wasser. Man rührt das gründlich um und lässt es eine halbe Stunde lang ziehen. Dieses Ulmenwasser trinkt man morgens.

Schließlich einige Diätvorschläge

»Fett, Süßigkeiten und Backwerk weglassen. Viel Obst und Gemüse essen.«

Aber das ist noch nicht alles. Die Patientin musste sich die Rückenwirbel einrenken lassen und sich einer Lymphdrainage-Behandlung unterziehen. Denn: »Immer wird die Schuppenflechte durch mangelhafte Lymphzirkulation im Magen-Darm-Kanal verursacht.« Das also ist das Rezept, das sich seit der Bekanntgabe im April 1944 vielfach bewährt hat.

Gelegentlich hat es Edgar Cayce, je nach Patient, etwas abgewandelt: Einmal empfahl er, den Safrantee mit dem Tee frisch gepflückter Blüten der Königskerze abzuwechseln. Oder er riet zu Bädern und dem anschließenden Auftragen von Cuticurasalbe und Resinol: »Am Abend, wenn Sie gebadet haben, würden wir Cuticurasalbe auftragen und anschließend Resinol, also eines nach dem anderen auf die geschädigten Stellen, aber nicht im Haar, sondern am Rand, und auf alle Körperteile, die gereizt sind.«

Nachweislich hat dieses Rezept in vielen Fällen die scheinbar unheilbare Krankheit besiegt.

Allerdings hat schon Cayce darauf hingewiesen: Ohne die innere Nervosität wäre es nie zur Schuppenflechte gekommen. Und wenn es nicht gelingt, die Unruhe auszuschalten, den Dingen mit mehr Gleichmut zu begegnen, dann wird sie früher oder später wieder da sein.

Die Patientin, der dieses Rezept verordnet war, schrieb dem »Schlafenden Propheten« nach einer Woche: »Ich kann Ihnen gar nicht sagen, wie viel besser ich mich körperlich und seelisch fühle. Die Stellen an meinem Körper verblassen. Und ich habe in sechs Tagen sieben Pfund abgenommen.« Fünf Monate später schrieb sie: »Meine Psoriasis ist vollkommen verschwunden, bis auf ein paar Stellen im Kopfhaar. Dort ist sie leicht aufgeflackert, als ich meine Diät vernachlässigte.«

Auffallend häufig gehört zu den Rezepten des Edgar Cayce die Empfehlung von Massagen und ganz einfachen gymnastischen Übungen. Massagen zur Belebung des Kreislaufs und zur Lösung von Muskelverspannungen, so meinte er, sollten zu beinahe täglichen Übungen werden, die jeder selbst verrichten kann, etwa mit Hilfe eines nicht zu weichen Handtuches, das der Breite nach zwei-, dreimal zusammengefaltet wird, so dass ein schmales, festes »Massageband« entsteht. Man hält es an beiden Enden fest und zieht es kräftig vor allem über die Rückenmuskeln hin und her, bis sie wohlig warm geworden sind.

Besonders wichtig ist dabei die Lockerung der Muskeln des Schultergürtels. Das Handtuch sollte deshalb abwechselnd über die rechte Schulter und unter dem linken Arm hindurch, dann über die linke Schulter und unter dem rechten Arm hindurchgezogen werden.

Die gymnastische Lieblingsübung des »Schlafenden Propheten« ist das »Kopfrollen«. Cayce verordnete es häufig Patienten, die

Probleme mit ihren Augen hatten oder unter quälenden Kopfschmerzen litten. Auch soll es gut sein zur Verbesserung der Konzentrationsfähigkeit: »Beugen Sie den Kopf dreimal nach vorn, dreimal nach hinten, dreimal zur rechten Seite, dreimal nach links. Und dann kreisen Sie mit dem Kopf, ebenfalls dreimal, erst rechts-, dann linksherum. Machen Sie das nicht hastig, sondern nehmen Sie sich Zeit dazu.«

Cayce empfahl, diese Übung morgens im Stehen, mittags und abends im Sitzen zu machen. Und er versprach: »Wenn Sie das ein halbes Jahr lang regelmäßig machen, werden Sie ein neuer Mensch sein.« Das Kopfrollen soll Seh- und Hörvermögen deutlich verbessern und die Schilddrüse kräftig anregen.

Schließlich noch ein paar ganz allgemeine Regeln, die Edgar Cayce uns hinterlassen hat:

> *»Gut ist es, immer genug Wasser zu trinken – vor den Mahlzeiten und nach den Mahlzeiten. Denn, wie schon oft erwähnt: Sobald ein Nahrungsmittel in den Magen gelangt, wird dieser augenblicklich zu einem Speicher oder einem Medizinschrank. Er liefert alle Stoffe, die zur rechten Verdauung vom Organismus gebraucht werden. Wenn diese Stoffe zuerst auf reines Wasser treffen, verlaufen die Reaktionen natürlicher.*
> *Also: Jeden Morgen gleich nach dem Aufstehen ein halbes bis ein dreiviertel Glas voll warmes Wasser trinken. Es darf nicht so heiß sein, dass es unangenehm wäre, aber auch nicht so lauwarm, dass einem schlecht wird. Das wird den Körper von Giften reinigen. Gelegentlich sollte man in dem Wasser eine Prise Salz auflösen.«*

Dieses Rezept ist von modernen Ernährungswissenschaftlern bestätigt worden. Manche sprechen davon, man müsste täglich bis zu sechs große Gläser Wasser trinken. Oder, wieder ein Rezept, das an Paracelsus erinnert:

> *»Verwenden Sie in Ihrer Küche vor allem*
> *Erzeugnisse, die aus der unmittelbaren Umgebung*
> *stammen. Sie sind für den Körper besser als jede*
> *exotische Art von Früchten und Gemüsen und was*
> *auch immer.*
> *Das gilt auch für Eiweiß: Es sollte aus heimi-*
> *schen Quellen stammen.«*

Was wiederum heißt: Das Ei aus der Heimat wie der Apfel aus dem eigenen Garten oder das Stück Rindfleisch von einer heimischen Kuh sind eben gesünder als Ei, Frucht und Fleisch aus Übersee. Es geht hier nicht darum, dass Ausländer ihre Nahrungsmittel eventuell spritzen, konservieren oder mit verbotenen Medikamenten behandelt haben, sondern um das, was Paracelsus schon sagte: »Eine Pflanze, ein Ei, ein Stück Fleisch ist nur so viel wert, wie sie die Mineralien, Vitamine, Spurenelemente, Eiweiß und eventuell Abwehrstoffe besitzt, die ich gerade brauche. Und der heimische Boden besitzt nun einmal genau das, woraus ich selbst geschaffen bin.«

Und:

> *»Essen Sie wenigstens einmal, zweimal in der*
> *Woche etwas, das aus dem Meer kommt: Fische,*
> *Muscheln, Krabben, Austern …«*

Auch das ist eine uralte, neuerdings wissenschaftlich bestätigte Weisheit: Da der Mensch ursprünglich aus dem Meer stammt, findet er in Meeresfrüchten besonders wertvolle »Heilmittel«, Nährstoffe für seine Gesundheit.

Edgar Cayce hat sich in »Readings« wiederholt davor gewarnt, mehr als zweimal am Tag in Trance zu arbeiten. Das würde seine Kräfte übermäßig erschöpfen. Doch der Zweite Weltkrieg mit seinen vielen Sorgen und seinem großen Leid führte immer mehr hilfsbedürftige Menschen zu ihm. Und er wollte helfen – bis er sich selbst vollkommen erschöpft hatte. Er starb am 3. Januar 1945, völlig verbraucht, aufgezehrt.

Zum Schluss noch ein besonderes Rezept:

Die Mumien-Kraftspeise

Im Jahre 1937 hatte Edgar Cayce einen seltsamen Traum: Er befand sich bei den Pyramiden in Ägypten und stand plötzlich vor einem Stein mit einer uralten Inschrift. Während er ihn noch betrachtete und immer betrübter wurde, weil er den Text nicht lesen konnte, erwachte eine Mumie zum Leben und übersetzte ihm die Inschrift. Es handelte sich um ein uraltes Rezept gegen Angst und Trostlosigkeit:

> *»Man nimmt zu gleichen Teilen getrocknete Feigen und entkernte Datteln. Sie werden fein zerkleinert und mit Wasser in einen Topf gebracht. Das Wasser sollte Feigen und Datteln nicht ganz bedecken. Über das Feigen-Dattel-Gemisch streut man ein wenig Maismehl oder geschroteten Weizen – aber wirklich nur ein wenig. Das Ganze wird bei kleiner Flamme etwa eine Viertelstunde lang gekocht und währenddessen häufig umgerührt.«*

Edgar Cayce sagte selbst über dieses Rezept: »Das ergibt ein fast geistiges Mahl.« Der Kreis von den Menschen aus der Zeit der Pharaonen und unseren Tagen hat sich geschlossen. Und das ist es, was wir heute endlich begreifen sollten: Die Menschen vor 4000, 5000

Jahren waren nicht dümmer, nicht einfältiger, als der moderne Mensch es ist. Edgar Cayce spricht auch davon, dass die letzten Überlebenden des untergegangenen Kontinents Atlantis in zwei Richtungen Rettung suchten: Die einen flohen nach Ägypten und bargen dort ihr Wissen in den Pyramiden, die anderen überquerten den Atlantik in Richtung Westen und bauten auch dort, in Mittelamerika, ihre Pyramiden. Tatsächlich sollen sich im alten Ägypten und im Land der Inkas und der Mayas Begriffe finden, die völlig übereinstimmen.

Somit kann man davon ausgehen, dass das überlieferte medizinische Wissen zumindest teilweise noch viel älter ist, als wir bisher angenommen haben. Vielleicht stammen die Rezeptschätze aus dem alten Ägypten in Wahrheit aus Atlantis?

Wenn aber Edgar Cayce recht hat damit, dass der Mensch unter gewissen Umständen das gesammelte Wissen der Menschheit aller Zeiten »anzapfen« kann, dann ist es an der Zeit, vom hohen Ross der Selbstüberschätzung herabzusteigen. Denn: Was ist nun wirklich eigene Leistung, und was ist uns einfach nur zugefallen, weil andere, vielleicht schon vor 10 000 oder 20 000 Jahren es erdacht haben? Wir sollten aufhören, uns stets nur isoliert als Einzelwesen zu sehen. Wir sind aufeinander angewiesen, voneinander abhängig. Eine Gemeinschaft, deren Wissen lebendig geblieben ist. Vermutlich hatte es die Menschheit nicht nur einmal, sondern im Laufe der Millionen Jahre mehrfach soweit gebracht, wie wir heute. Bisher hat keine der Hochkulturen das Überleben bewältigt. Ob wir den Sprung in eine noch größere Zukunft schaffen werden, oder auch der falschen egoistischen Lebensweise wegen im Nebel der Geschichte untergehen werden, das ist noch keineswegs sicher.

Register

G

Galenik 65
Galenos 15, 26, 57 ff., 148
Galilei, Galileo 130
Galle 47, 91, 110
Galle, gelbe 62
Galle, schwarze 62, 63, 117
Gallenkolik 70
Gebet 29
Gehirn 90
Gelatine 230
Gelenkschmerzen 15
Gemüse 202, 218, 230, 231, 238, 241
Georgenthal 158
Gerste 215
Geschwüre 212, 222
Gesichtsmaske 50
Getreidekörner 232
Gewürze 135
Gicht 87, 89, 211
Gift 16, 111, 170, 211, 234, 237, 240
Ginseng 52
Gliederschmerzen 53
Gold 67
Goldrute 217
Goldwag, Dr. William J. 124
Gommern 154
Gotha 158
Gott 92, 180
Grapefruit 230, 231
Griechenland 58
Grippe 196
Gurke 22, 142

Gurkenkraut 66
Gyger, Ulbrich 106, 107

H

Haarausfall 16
Hafer 23
Haferflocken 232
Hafermus 202
Hagebutten 210, 212
Hagrose 205
Hahn, Dr. Sigmund 181
Hahnemann, Samuel 151 f.
Hahnenfuß 200
Hamburg 158
Hanfnessel 214
Harnsäure 219
Hauhechel 212
Haut 49 f., 100, 133, 146
Hautgeschwüre 50
Heidelbeere 232
Heilkräuter 86, 109, 183, 200, 206
Heimat 124
Heinrich von Mainz 81
Heliopolis 16
Hermannstadt 153
Herz 89, 90, 95, 123, 143, 215
Herzbeschwerden 20, 235
Herzklopfen 66
Herzschwäche 217, 218
Herztee 217
Hettstadt 153
Heublume 115
Hexer 129

248

Kentaurion 48
Kentucky 221
Kerbel 102
Ketchum, Dr. Wesley K. 221, 224
Kirsche 134
Kiwi 124
Kneipp, Pfarrer Sebastian 51, 52, 177 ff.
Knoblauch 212, 214
Kohl 230, 231
Koloquinten 15, 18
Kolumbus, Christoph 130
Königskerze 238
Königslutter 158
Konrad III., Kaiser 81
Kontraindikation 65
Kopfsalat 147
Kopfschmerzen 23, 41, 53, 111, 117, 158, 170, 204, 215, 240
Kopfweg 15
Koriander 23, 24
Koriander 70
Körpersäfte, vier 93, 110
Kos 33
Köthen 172, 174
Krabben 241
Kräftigungsmittel 230
Krampfadern 217
Kraut 231
Krebs 27 f, 76, 150, 229, 236
Kreislaufbeschwerden 111
Kreislaufstörung 217
Kresse 206
Kristalle 225, 226
Küchler, Henriette 154, 173
Kuhmilch 28

Kuno, Abt 82, 83
Künzle, Pfarrer Johann 195 ff.
Kürbis 231

L

Lactuin 148
Laserstrahlen 226
Lattich 206
Laune, Gute 100 f.
Lavendel 212
Layne, Al 223
Leber 89, 90, 157, 216, 237
Leberbeschwerden 44, 235
Leibschmerzen 70
Leiden, seelische 91
Lein 99
Leipzig 155
Leo XIII., Papst 191, 192
Leopold II. 155
Licht 204, 219, 225
Limone 231
Lindenblütentee 214, 218
Linsen 231
Löwenzahn 205, 206
Ludwig VII., franz. König 81
Luitpolt von Bayern 186
Lunge 211
Lungenkrankheiten 212
Lungenkraut 214
Luther, Martin 105, 130
Luzifer 84
Lymphe 91, 238
Lymphzirkulation 234

M

Magdeburg 154
Magen 20, 212, 215
Magenbeschwerden 235
Magengeschwüre 16
Magenschmerzen 170
Magie 14, 29, 136
Mais 231, 242
Majoran 135, 212, 214
Makrokosmos 93
Malabatrium 28
Malaria 156
Mandala 92
Mandel 228 f.
Marc Aurel 57, 68
Massagen 239
Maßliebchen 213
Materia medica 156
Maya 243
Medikamente, ägyptische 13, 15
Medikamentenmissbrauch 13
Mehlsuppe 202
Meißen 152
Meisterwurz 212
Melancholie 30, 63, 117
Melancholiker 72
Melisse 116, 218
Menstruationsbeschwerden 97 f.
Menstruationsstörung 26
Merkle, Prof. Dr. 180
Mermet, Abbe 201
Metalle 67
Migräne 117
Mikrokosmos 93
Milch 182, 202, 218, 232

Milz 90, 95, 157
Mineralien 141, 218, 241
Minze 212, 214
Mohammed 71
Mohnblume 217
Mölln 158
Molschleben 158
Mondphasen 149
Montezumas Rache 173
Montpellier 129, 130
Moskau 107
Moxabustion 161
Mülhausen 158
Mumie 31, 242
München 181
Murphy, J. 121
Muscheln 241
Muskat 100 f
Myrte 24

N

Nagelbettentzündung 50
Napoleon 171, 179
Narbenbalsam 70
Nasenbluten 41
Natrium 109
Nebraska 227
Nefererkere, Pharao 9 f.
Nelken 87, 100
Nerven 51 f, 90
Nervenkrankheiten 212
Nervosität 235, 237, 239
New York 227
Niehans, Prof. Dr. Paul 199